国际金融中心发展报告

INTERNATIONAL FINANCIAL CENTER DEVELOPMENT REPORT

《国际金融中心发展报告》编写组

2015

中国金融出版社

责任编辑：吕冠华
责任校对：潘　洁
责任印制：程　颖

图书在版编目(CIP)数据

国际金融中心发展报告. 2015 (Guoji Jinrong Zhongxin Fazhan Baogao 2015)/《国际金融中心发展报告》编写编. —北京：中国金融出版社，2015.7
ISBN 978-7-5049-8047-2

I. ①国··· II. ①国··· III. ①国际金融中心—研究报告—上海市—2015 IV. ①F832.751

中国版本图书馆CIP数据核字(2015)第156323号

出版
发行　中国金融出版社

社址　北京市丰台区益泽路2号
市场开发部　(010)63266347，63805472，63439533 (传真)
网 上 书 店　http://www.chinafph.com
(010)63286832，63365686 (传真)
读者服务部　(010)66070833，62568380
邮编　100071
经销　新华书店
印刷　北京市松源印刷有限公司
装订　平阳装订厂
尺寸　210毫米×285毫米
印张　8
字数　160千
版次　2015年7月第1版
印次　2015年7月第1次印刷
定价　108.00元
ISBN 978-7-5049-8047-2/F.7607

编写委员会
COMMITTEE

内容摘要

EXECUTIVE SUMMARY

2014年，全球经济继续温和增长，多层次复苏态势更加明显，美国经济复苏动能趋于增强，欧洲和日本经济增长则面临挑战，新兴经济体总体增长率下滑。2014年后期，主要受油价暴跌的影响，许多经济体消费者价格同比涨幅回落，而俄罗斯则由于本币贬值而导致消费者价格指数大幅上升。展望2015年，全球经济增长将继续保持复苏态势，增速较2014年有所提高。全球流动性宽松格局仍将持续，但各经济体的货币政策分化会更加明显。

近年来，中国经济增速处于稳步回落过程中，但2014年仍取得7.4%的较高增速，经济实力进一步增强。根据世界经济论坛《全球竞争力报告》的排名，2014年中国的全球竞争力排名为第28位，比2013年上升了一位。其中，值得注意的是中国的融资困难是从事商务活动时的首要障碍。

从全球金融格局来看，全球股票市值升水，各主要经济体国内信贷增长基本平稳，跨境存贷款小幅增长，主要经济体债券余额小幅增长，但国际债券市场未清偿余额出现了小幅回落；从各主要货币汇率走势来看，美元升值，走势较为强劲，欧元走弱，日元继续贬值，英镑有所贬值，人民币和印度卢比基本稳定，其他主要新兴市场经济体货币都出现了贬值，特别是俄罗斯卢布大幅贬值。美元、欧元是全球最主要的储备货币。美元仍在外汇市场交易币种中占主导地位，中国等新兴市场经济体国家货币在外汇交易中的比重有所上升。从全球金融市场来看，全球外汇市场交易主要集中在英、美两国，中国占比较低但有所提高；全球外汇交易币种主要为美元和欧元，人民币占比较低；全球场外利率衍生品市场主要集中在英、美两国，中国占比较低；全球股市活动主要集中于美国，沪、深交易所地位上升；中国期货期权成交量增长迅速，上海期货交易所进入十强。

从全球金融中心比较来看，纽约、伦敦依然是全球最大的国际金融中心，在全球经济金融中占有极为重要的地位。

2014年，上海市利用自贸区金融改革的契机，扩大金融市场开放，深化金融对外交流与合作，深入推进上海国际金融中心建设。自贸区内以资本项目可兑换和金融服务业开放为目标的金融创新有序推进，基本建立了以负面清单管理为核心的投资管理制度，以贸易便利化为重点的贸易监管制度有效运行，初步形成以政府职能转变为核心的事中、事后监管制度。

金融市场改革和创新取得突破。作为资本市场重大制度创新的“沪港通”试点启动，上海黄金交易所国际板推出，中国外汇交易中心推出人民币对欧元、英镑、新西兰元、新加坡元直接交易，上海清算所推出人民币利率互换集中清算业务。

金融机构加快集聚。金砖国家开发银行落户上海，成为首个总部设在上海的国际多边金融组织。农业银行上海管理部、太平石化金融租赁公司、太平洋保险养老产业投资管理公司等功能性金融机构落户上海。

由于上海金融业发展迅速，根据“新华—道琼斯国际金融中心发展指数”，上海国际金融中心的全球排名上升，与香港并列第五位。

目　录

CONTENTS

第一章
全球经济金融格局

2014年，全球经济继续温和增长，多层次复苏的趋势更加明显，美国经济复苏动能趋于增强，欧洲和日本经济增长则面临挑战，新兴市场经济体总体增长率下滑。展望2015年，全球经济增长将继续保持复苏态势，增速较2014年有所提高，其中，发达经济体经济增长将加快，而新兴市场经济体经济增长将放缓。全球流动性宽松格局仍将持续，但各经济体的货币政策分化会更加明显。

从全球金融格局来看，全球股票市值升水，各主要经济体国内信贷增长基本平稳，跨境存贷款小幅增长，主要经济体债券余额小幅增长，但国际债券市场未清偿余额出现了小幅回落；从各主要货币汇率走势来看，美元升值，走势较为强劲；欧元走弱，日元继续贬值，英镑有所贬值，人民币和印度卢比基本稳定，俄罗斯卢布、巴西雷亚尔、南非兰特都出现了贬值，特别是俄罗斯卢布大幅贬值。2014年后期，主要受油价暴跌的影响，美国、日本、英国、中国、印度等经济体消费者价格同比涨幅回落，而俄罗斯则由于本币贬值而导致消费者价格指数大幅上升。美元、欧元是全球最主要的储备货币。美元仍在外汇市场交易币种中占主导地位，中国、俄罗斯等新兴市场经济体国家货币在外汇交易中比重上升。

一、全球经济增长格局

（一）2014年经济增长和宏观政策简要回顾

2014年，全球经济继续温和增长，多层次复苏态势更加明显，美国经济复苏动能趋于增强，欧洲和日本经济增长则面临挑战，新兴市场经济体经济总体增长率下滑。据国际货币基金组织（IMF）的资料，2014年全球经济增长3.4%，与上年持平。其中，发达经济体增长1.8%，比上年提高0.4个百分点；新兴和发展中经济体经济增长4.6%，比上年回落0.4个百分点。

主要国家货币政策仍保持宽松，政策利率处于历史低位，但政策走向出现明显分化：美联储正式结束量化宽松政策，缓慢迈向货币政策正常化，但仍未启动加息；由于经济增长陷入困境，欧央行出台了一系列增加流动性的措施；日本央行一直维持极度宽松的货币政策立场；新兴市场经济体央行的货币政策总体呈宽松态势。

（二）2015年经济增长展望

展望2015年，全球经济增长将继续保持复苏态势，增速较2014年有所提高，预计2015 年全球经济将增长3.5%。相比2014年，发达经济体的经济增长前景在改善，而新兴市场和发展中经济体的增长预计将放缓，主要是由于一些大型新兴市场经济体和石油出口国的经济增长前景减弱。

若干复杂的因素影响着经济增长前景。这些因素包括中期和长期趋势、全球冲击以及很多国家和地区特有的因素：（1）新兴市场过去四年的增长弱于预期，导致对中期经济增长前景的预期减弱。（2）在发达经济体，人口老龄化、投资疲软和全要素生产率增长乏力等因素给潜在产出前景蒙上阴影。

潜在增长减缓的预期削弱了当前的投资。(3)几个发达经济体和一些新兴市场经济体仍在应对国际金融危机遗留下来的问题，包括持续的负产出缺口，以及私人和（或）公共债务居高不下。(4)大多数发达经济体的通胀和通胀预期低于目标水平，一些经济体的通胀仍在下降。对于国际金融危机后债务庞大、增长低迷、没有或几乎没有实施宽松货币政策空间的国家，这尤其是个令人担忧的问题。(5)长期债券收益率进一步下降，在许多发达经济体处于创纪录的低水平，对经济复苏起到了支持作用。(6)油价的下跌在很大程度上反映了供给因素，对全球增长和许多石油进口国的增长起到了促进作用，但不利于石油出口国的经济活动。(7)主要货币的汇率近几个月来发生了大幅波动，反映了各国经济增长率和货币政策的差异以及油价下跌的影响。这些变化将需求重新分配到宏观经济条件更为困难、政策宽松空间较小的国家，从而可能有利于全球前景。结果是，这些经济体经济增长前景恶化并产生潜在溢出影响的风险减小。

综合正反各种因素来看，2015年，发达经济体经济增长将加快，而新兴市场经济体经济增长将放缓。

发达经济体普遍从油价下跌中受益。预计美国 2015～2016年经济增长将超过3%，这得益于油价下跌对国内需求的支持、财政调整步伐的放慢，以及宽松货币政策继续提供的支持作用。继2014年第二季度和第三季度经济增长疲软后，欧元区的经济增长正呈现回升迹象，这得益于油价下跌、低利率和欧元趋弱。日本2014年的经济表现令人失望，但预计在日元贬值和油价下跌的作用下，2015年的经济增长将加快。

新兴市场经济体经济增长放缓主要是因为一些大型新兴市场经济体的增长前景减弱，并且，油价急剧下跌导致一些主要石油出口国的经济活动减弱。中国经济由于房地产投资的放缓以及经济结构的调整，经济增长将进一步放缓。在巴西，干旱、宏观经济政策收紧以及私人部门情绪低落（一定程度上与对巴西国家石油公司的调查有关）影响了经济前景。俄罗斯经济则受油价急剧下跌和地缘政治紧张局势加剧的影响。对于其他新兴市场商品出口国，石油和其他商品价格下跌对贸易条件和实际收入的影响将损害其经济的中期增长。预计2016年新兴市场的经济增长将加快，使全球经济增长率提高到3.7%，这主要是由于 2015年经济增长疲软的一些国家和地区（比如，俄罗斯、巴西和拉丁美洲其他国家）经济活动面临的下行压力将有所缓解。

宏观经济风险略有下降。作为2013年主要风险的欧元区陷入衰退的风险已经下降，通缩风险也已下降。但金融和地缘政治风险已经上升。相对价格（无论是汇率还是石油价格）的大幅变动使一些国家受益，使一些国家受损。能源公司和产油国面临更为困难的境况和更大的风险。有美元借款的非美国公司和政府也是如此。汇率大幅变动如果持续下去，可能会造成进一步的金融风险，重新引发货币战争的讨论。不能排除希腊爆发危机的可能性。乌克兰和中东的动荡仍在持续，尽管迄今为止尚未造成系统性的经济影响。

（三）2015年经济政策展望

2015年，尽管全球货币环境将伴随美联储加息进程而有所改变，但欧元区、日本可能进一步放宽货币政策，以及其他主要经济体为呵护经济增势而维持宽松货币政策的形势之下，全球流动性宽松格局仍将持续，但各经济体的货币政策分化将更加明显。

在经济增长温和且不均衡的环境下，发达经济体的政策重点仍是提高实际和潜在产出。其中，许多经济体主要的宏观经济政策问题是持续大规模的产出缺口以及通缩趋势。在货币政策面临利率零下限约束的情况下，上述问题给经济活动带来风险。宽松的货币政策对于防止实际利率上升仍然非常重要，欧央行的购买主权资产从而扩大其资产购买的计划，将刺激欧元区的经济增长。一些发达经济体非常有必要增加基础设施投资，更普遍而言，各国都需要开展结构性经济改革。各经济体的优先点不同，但在人口老龄化背景下，许多经济体都应通过改革提高劳动力参与率和趋势就业水平，另外，还需采取措施解决私人债务积压问题。

在许多新兴市场和发展中经济体，支持经济增长的宏观经济政策空间依然有限。然而，在石油进口国，油价的下跌将减轻通胀压力和外部脆弱性，并且在提供石油补贴的经济体，油价的下跌可能会创造一些财政空间。石油出口国不得不吸收贸易条件方面的严重冲击，面临更大的财政和外部脆弱性。具备财政空间的国家可以让公共支出随着石油收入的下降而逐步调整。在汇率有一定灵活性的石油出口国，货币贬值将促进调整。新兴市场和发展中经济体还需要实施重要的结构改革，包括采取措施支持资本积累（例如，消除基础设施“瓶颈”、放松对贸易和投资的限制，以及改善商业条件），并提高劳动力参与率和生产率（通过对教育、劳动力和产品市场实行改革）。油价下跌为改革能源补贴和能源征税（包括在发达经济体）提供了机遇。 三大国际组织对全球及主要经济体2015～2016年经济增长的预测值见表1-1。

表1-1 三大国际组织对全球及主要经济体2015～2016年经济增长的预测值

单位：%

			IMF预测		世界银行预测		联合国预测	
	2013年	2014年	2015年	2016年	2015年	2016年	2015年	2016年
全球	3.4	3.4	3.5	3.8	3.0	3.3	3.1	3.3
发达经济体	1.4	1.8	2.4	2.4	2.2	2.4	2.1	2.3
新兴市场和发展中经济体	5.0	4.6	4.3	4.7	4.8	5.3	4.8	5.1
美国	2.2	2.4	3.1	3.1	3.2	3.0	2.8	3.1
欧元区	-0.5	0.9	1.5	1.6	1.1	1.6	1.3	1.7
日本	1.6	-0.1	1.0	1.2	1.2	1.6	1.2	1.1
英国	1.7	2.6	2.7	2.3	2.9	2.6		
中国	7.8	7.4	6.8	6.3	7.1	7.0	7.0	6.8
印度	6.9	7.2	7.5	7.5	6.4	7.0	5.9	6.3
俄罗斯	1.3	0.6	-3.8	-1.1	-2.9	0.1	0.2	1.2
巴西	2.7	0.1	-1.0	1.0	1.0	2.5	1.5	2.4
南非	2.2	1.5	2.0	2.1	2.2	2.5	2.7	3.3

注：2013年、2014年数据来自IMF。
资料来源：IMF，World Economic Outlook，Apr.2015；World Bank，Global Economic Prospects，January 2014；United Nations，World Economic Situation and Prospects 2014，December 2013.

二、全球金融格局

（一）主要金融资产

1. 全球股市资产

全球股票市值升水。根据世界交易所联盟（WFE）统计，至2014年年末，全球主要证券交易所的股票市值升至68万亿美元，较2013年年末上升4.3%。2008～2014年全球股票市值详见图1-1。

2. 国内信贷资产

近些年各主要经济体国内信贷增长基本平稳，中国的国内信贷增速较高但增速较为平稳。详见表1-2。

3. 跨境存贷款

跨境存贷款业务主要集中于英、美两

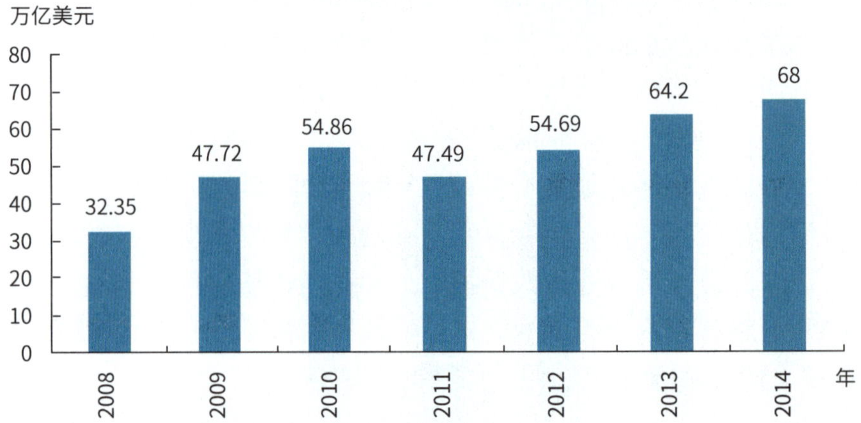

数据来源：世界交易所联盟网站：www.world-exchanges.org。

图1-1 2008～2014年全球股票市值

表1-2 部分经济体国内金融部门向国内非金融私人部门提供的信贷及其增长

单位：10亿美元，%

	2010年		2011年		2012年		2013年	
	余额	增长	余额	增长	余额	增长	余额	增长
美国	24 618.13	-1.11	24 984.22	1.49	25 712.88	2.92	26 726.89	3.94
欧元区	17 714.24	-5.63	17 199.15	-2.91	17 225.14	0.15	17 457.46	1.35
英国	4 523.69	-3.84	4 548.47	0.55	4 896.94	7.66	4 985.09	1.80
日本	10 067.64	11.51	10 513.09	4.42	9 287.46	-11.66	7 788.57	-16.14
新加坡	265.28	19.05	303.36	14.35	367.98	21.30	408.54	11.02
中国香港	505.71	24.61	584.09	15.50	616.65	5.57	712.75	15.58
中国	9 396.75	26.77	11 664.09	24.13	14 190.52	21.66	17 494.18	23.28
印度	971.91	32.54	956.76	-1.56	1 065.94	11.41	1 080.42	1.36
巴西	1 305.80	35.79	1 443.32	10.53	1 552.25	7.55	1 553.78	0.10
俄罗斯	855.50	5.99	990.83	15.82	1 255.36	26.70	1 373.82	9.44
南非	290.39	15.33	254.32	-12.42	269.06	5.80	237.04	-11.90

注：各货币按年末汇率换算成美元。
资料来源：BIS。

国。2014年，跨境存贷款小幅增长。从与国内信贷比较来看，英国、美国、中国香港、新加坡的银行业外向型程度较高。详见表1-3。

4. 债券资产

2014年，主要经济体债券余额小幅增长。可参见表1-4。

国际债券主要由英、美两国主导。2014年，国际债券市场未清偿余额在前些年小幅稳步增长的基础上出现了小幅回落。按发行人居住地划分，国际债券市场主要由英、美两国占据主导地位，其他国家占比都较低。详见表1-5。

（二）国际金融中心的全球分布

一般而言，国际金融中心主要特征包括：第一，集聚一定数量从事国际业务的金融机构，如国际性银行、证券公司、保险公司、基金公司等；第二，具备比较完整的国际金融市场体系，包括股票市场、债券市场、银行同业拆借市场、黄金市场、外汇市场等；第三，有较大规模国际金融交易活动

表1–3 部分经济体境外存贷款余额

单位：10亿美元

	存款			贷款		
	2012年	2013年	2014年第三季度	2012年	2013年	2014年第三季度
美国	3 443.3	4 019.0	4 208.1	3 169.5	3 140.2	3 257.5
英国	4 757.3	4 387.6	4 251.3	4 492.5	4 086.7	4 117.7
日本	1 368.1	1 301.8	1 316.7	1 207.2	1 159.2	1 154.1
新加坡	703.7	760.9	759.1	600.6	662.7	655.8
中国香港	665.3	772.1	841.9	705.9	802.4	881.0
南非	23.5	20.8	25.5	30.2	30.8	33.5
巴西	105.2	100.0	122.6	38.3	40.7	37.5
印度	78.5	102.6	108.4	25.6	32.4	36.0

资料来源：BIS。

表1–4 部分经济体国内外债券余额

单位：10亿美元

	2012年	2013年	2012年	2013年	2014年第三季度
美国	32 839.3	32 109.90	33 285.90	34 494.30	35 337.40
英国	5 334.9	5 555.40	5 769.80	5 750.60	
日本	14 495.6	15 674.10	14 552.60	12 260.70	12 062.60
中国	3 055.8	3 398.20	3 785.60	4 093.90	4 375.50
俄罗斯	319.8	350.8	440.9	507.7	461.4
新加坡	218.1	240.7	294.2	330.7	369.9
中国香港	177.4	216	260	317.1	352.8

注：BIS没有巴西、南非、印度相关数据。
资料来源：BIS Quarterly Review。

表1-5　部分经济体国际债券未清偿余额

单位：10亿美元，%

	2011年		2012年		2013年		2014年	
	数量	占比	数量	占比	数量	占比	数量	占比
英国	3 493.3	16.6	3 469.7	15.82	3 460.8	15.20	3 269.2	14.94
美国	2161	10.3	2106.6	9.61	2 065.9	9.07	2 132.9	9.75
日本	175.1	0.8	181.5	0.83	203	0.89	235.6	1.08
中国香港	83.2	0.4	119.1	0.54	158	0.69	196.4	0.90
巴西	138	0.7	148.6	0.68	152.3	0.67	162.3	0.74
俄罗斯	68.8	0.3	107.7	0.49	128	0.56	113.2	0.52
新加坡	62.8	0.3	83.7	0.38	105.3	0.46	114.4	0.52
中国	27.2	0.1	39.2	0.18	49.9	0.22	76.4	0.35
印度	26.1	0.1	19.4	0.09	22.8	0.10	27.8	0.13
南非	30.2	0.1	31.4	0.14	31.1	0.14	29.9	0.14
总计	21 018.9	100	21 928.6	100	22 769.3	100	21 881.9	100

资料来源：BIS Quarterly Review。

发生，包括股票债券的发行和交易、资金借贷等；第四，国际金融中心载体是一个现代化都市，具备发达的通讯网络、交通条件、发达的服务业以及较高的外向度等要素。根据新华—道琼斯国际金融中心发展指数报告（Xinhua-Dow Jones International Financial Centers Development Index，IFCD Index），国际金融中心城市及其区域分布如表1-6所示。

表1-6　国际金融中心城市及其区域分布

欧洲	阿姆斯特丹（荷兰） 布达佩斯（匈牙利） 哥本哈根（丹麦） 伦敦（英国） 莫斯科（俄罗斯） 苏黎世（瑞士）	维也纳（奥地利） 布鲁塞尔（比利时） 赫尔辛基（芬兰） 罗马（意大利） 慕尼黑（德国）	奥斯陆（挪威） 都柏林（爱尔兰） 里斯本（葡萄牙） 马德里（西班牙） 日内瓦（瑞士）	巴黎（法国） 法兰克福（德国） 卢森堡（卢森堡） 米兰（意大利） 斯德哥尔摩（瑞典）
美洲	波士顿（美国） 华盛顿（美国） 圣保罗（巴西）	布宜诺斯艾利斯（阿根廷） 旧金山（美国） 温哥华（加拿大）	多伦多（加拿大） 蒙特利尔（加拿大）	芝加哥（美国） 纽约（美国）
亚洲	东京（日本） 新加坡（新加坡） 首尔（韩国）	大阪（日本） 北京（中国） 台北（中国）	迪拜（阿联酋） 上海（中国） 香港（中国）	孟买（印度） 深圳（中国）
其他	约翰内斯堡（南非）	墨尔本（澳大利亚）	悉尼（澳大利亚）	

资料来源：新华—道琼斯国际金融中心发展指数报告(2014)。

专栏1-1　国际金融中心的界定

金融中心是一个地理上的概念，它是指金融活动较为集中的区域或城市。当金融机构、金融市场、金融业务在某一区域高度集中，这个区域一般就被称为金融中心。根据定义，纽约是金融中心，纽约曼哈顿也是金融中心；伦敦是金融中心，伦敦金融城也是金融中心；香港是金融中心，香港中环也是金融中心。但从研究分析的角度，通常会将某个特定城市称为金融中心，而不是将城市中某个特定区域称为金融中心。从这个意义上看，金融中心即是金融中心城市。

根据金融中心配置金融资源的地域范围不同，金融中心可分为国内金融中心和国际金融中心。在一国范围内配置金融资源的金融中心，被称为国内金融中心；能够开展跨国金融资源配置的金融中心，被称为国际金融中心。

按照不同的标准，国际金融中心有不同的划分和界定。这些划分和界定事实上反映了国际金融中心的一些重要特征，如影响力的大小、业务活动多样化程度、参与者的范围等。

按影响力的不同，国际金融中心可分为全球性国际金融中心和区域性国际金融中心。一般来说，前者的参与者遍布全球，交易定价传递至全球，金融交易活动受全球瞩目，而后者参与者集中于某个区域，交易定价等主要影响该区域。目前，纽约、伦敦为全球性国际金融中心，其影响力辐射全球，而香港、新加坡、法兰克福、苏黎世、卢森堡等为区域性国际金融中心，香港、新加坡的影响力主要在亚太地区，法兰克福、苏黎世、卢森堡的影响力主要在欧洲。

按金融活动的多样化程度划分，国际金融中心可分为综合性国际金融中心和专业性国际金融中心。大多数国际金融中心金融活动涉及跨国借贷、外汇交易、股票交易、债券交易、大宗商品交易、保险等多样化、综合性业务，如纽约、伦敦、东京、香港、新加坡、上海等，它们可称为综合性国际金融中心。有些国际金融中心的金融活动较为专一，可称为专业性国际金融中心，如芝加哥为衍生品交易国际金融中心，波士顿为基金业、保险业国际金融中心，卢森堡为银行业、国际债券业、基金业国际金融中心。

按参与对象的居民、非居民身份划分，国际金融中心可分为在岸国际金融中心和离岸国际金融中心。在岸国际金融中心允许居民和非居民客户共同参与交易活动，如纽约、伦敦等。离岸国际金融中心则将各项交易活动严格限制在非居民客户之间，如卢森堡、开曼群岛等。

按是否有实质性金融交易活动划分，国际金融中心可分为功能型国际金融中心和记账型国际金融中心。如果金融机构在当地金融市场为客户提供服务或从事各种金融交易，该中心是功能型国际金融中心。国际上的大多数国际金融中心都是功能型国际金融中心，如纽约、伦敦、东京、法兰克福、卢森堡、香港、新加坡、悉尼等。记账型国际金融中心，也称簿记型国际金融中心，则是简单地为发生在其他地区的金融交易提供合法的登记场所，其产生的各项法律文件代表的仅仅是各金融机构或金融交易的法律存在。记账型国际金融中心多数是为企业提供避税和逃避监管的便利，其各类金融机构多是“空壳机构”。这类中心主要包括巴哈马、百慕大、开曼群岛、巴巴多斯、维尔京群岛等。

在经济金融全球化的时代，金融中心城市不断成长，跨境金融交易越来越普遍，被称为国际金融中心的城市也爆发式增加。比如，Z/Yen集团2007年3月发布第1期全球金融中心指数（GFCI）报告时，进入评估排名的金融中心城市为46个，到2014年3月发布第15期报告时，进入评估排名的金融中心城市增加至83个，其中，开展全球性、跨国性金融业务的国际金融中心城市也在不断增加。根据Z/Yen集团全球金融中心指数报告第15期，中国内地有3个城市进入评估排名的范围，它们是北京、上海、深圳，另外，大连、广州已经列入调查问卷城市范围，但还未进入评估排名。

总体来说，国际金融中心是动态发展的，国际金融中心的划分和界定并无统一、量化的标准。鉴于国际金融中心划分和界定的标准或指标具有一定的主观性，除了一些公认的国际金融中心外，相当多的国际金融中心的划分和界定未被普遍认可，不同机构或专业人士对其存在分歧。

（三）国际主要币种

当前的国际货币体系是以美元为主导，欧元、英镑、日元、瑞士法郎等货币并存的多元化格局。

1. 各主要货币稳定比较

一国货币要获得稳定的国际地位，包括对外和对内的币值必须稳定，即货币汇率的稳定和通胀率较低，特别是汇率的稳定对货币的国际地位影响较大。

（1）各主要货币汇率比较

先比较各主要货币汇率的走势。

2014年，由于美国经济复苏相对强劲，货币政策率先缓慢进入正常化，美元升值，走势较为强劲。2000年1月1日～2015年3月31

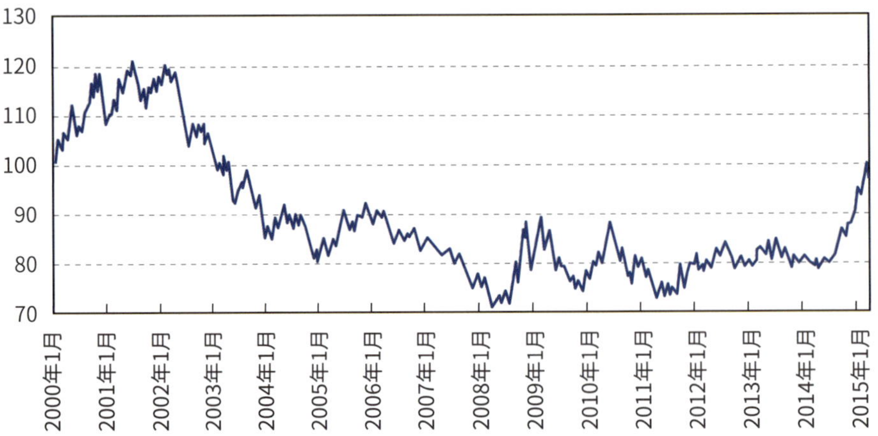

数据来源：路透。

图1-2　2000年1月1日～2015年3月31日美元指数

日美元指数见图1-2。

2014年，由于欧元区经济复苏疲弱，且从2014年12月实施了新的量化宽松政策，欧元走弱。2000年1月1日～2015年3月31日欧元汇率见图1-3。

2014年，由于日本经济再度走弱，且实施“质和量的数量宽松政策”，日元继续贬值。2000年1月1日～2015年3月31日日元汇率见图1-4。

2014年，英国经济复苏较为强劲但弱于美国，英镑有所贬值。2000年1月1日～2015年3月31日英镑汇率见图1-5。

从主要新兴市场经济体货币来看，2014年，人民币和印度卢比基本稳定，俄罗斯卢布、巴西雷亚尔、南非兰特都出现了贬值，特别是俄罗斯，由于受经济制裁即油价暴跌的影响，国内经济陷入衰退，其货币也出现暴跌。2000年1月1日～2015年3月31日人民

数据来源：路透。

图1-3　2000年1月1日～2015年3月31日欧元汇率

数据来源：路透。

图1-4　2000年1月1日～2015年3月31日日元汇率

币汇率见图1-6。其余国家汇率见图1-7至图1-10。

（2）各经济体通胀率比较

2014年后期，主要受油价暴跌的影响，美国、日本、英国、中国、印度等经济体消费者价格同比涨幅回落，而俄罗斯则由于本币贬值而导致消费者价格指数大幅上升。2000年1月～2015年2月部分经济体消费者价

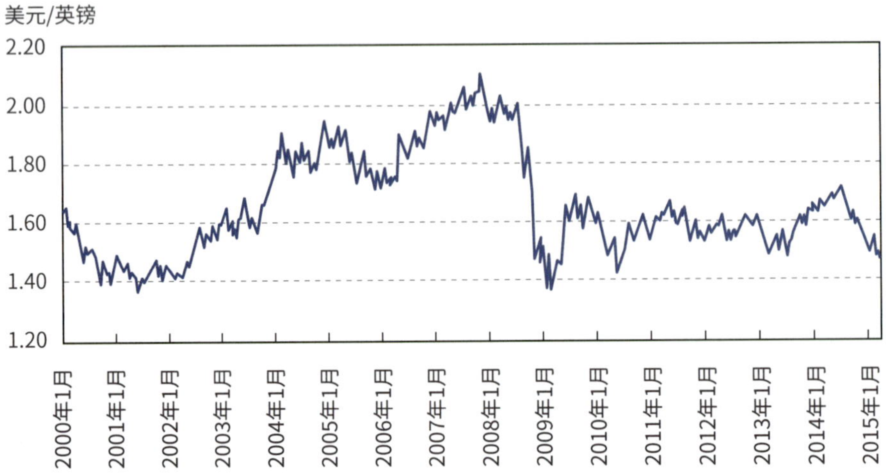

数据来源：路透。

图1-5　2000年1月1日～2015年3月31日英镑汇率

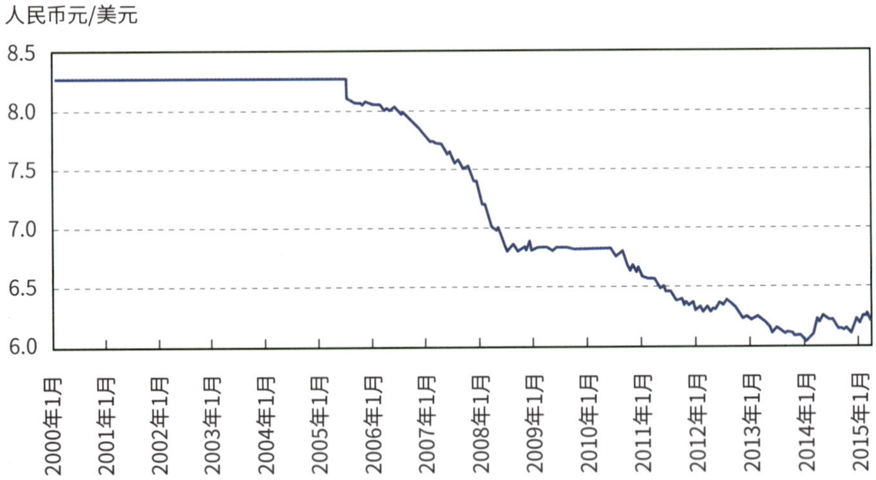

数据来源：路透。

图1-6　2000年1月1日～2015年3月31日人民币汇率

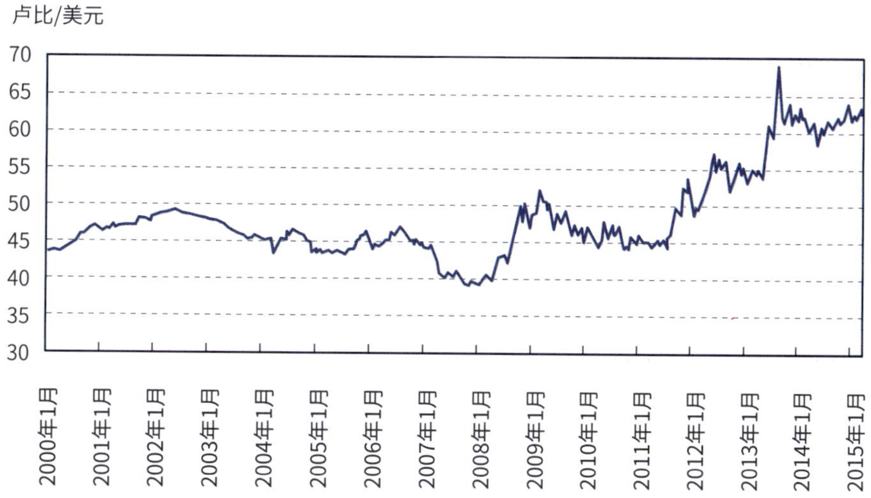

数据来源：路透。

图1-7　2000年1月1日～2015年3月31日印度卢比汇率

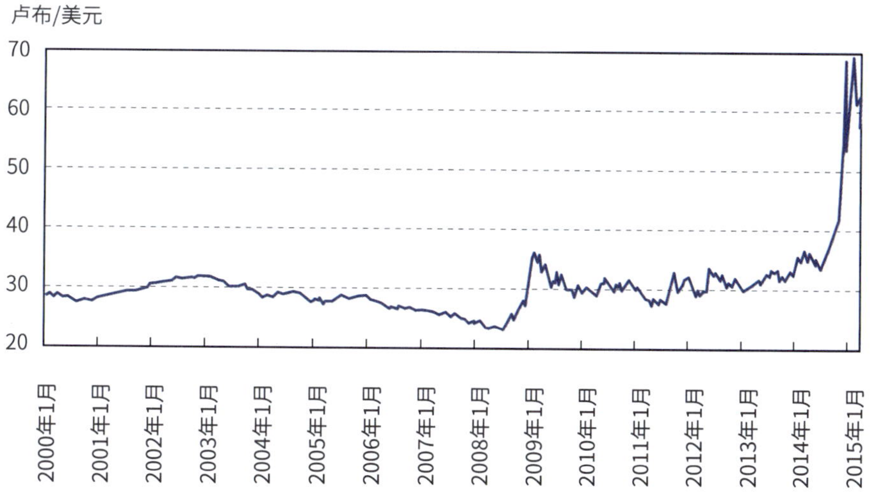

数据来源：路透。

图1-8　2000年1月1日～2015年3月31日俄罗斯卢布汇率

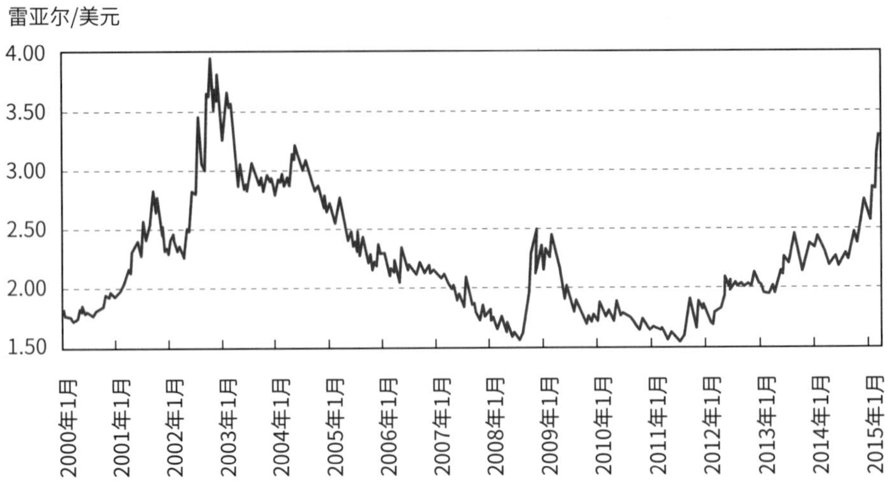

数据来源：路透。

图1-9　2000年1月1日～2015年3月31日巴西雷亚尔汇率

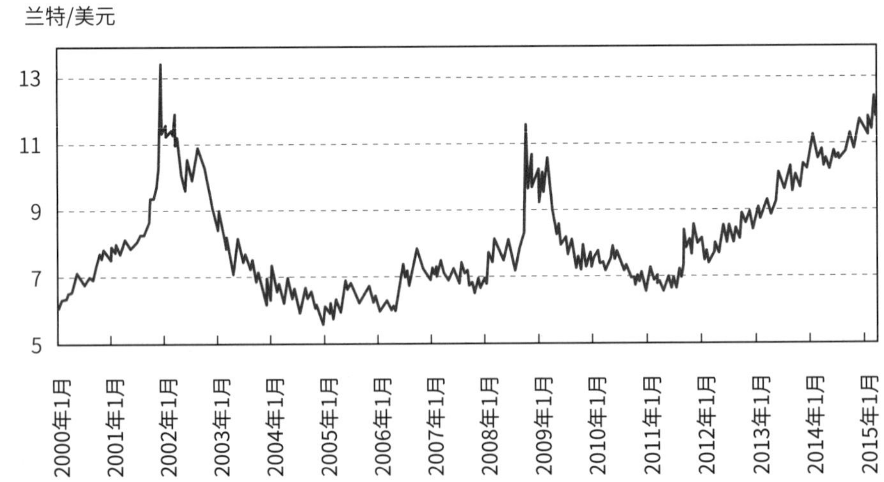

数据来源：路透。

图1-10　2000年1月1日～2015年3月31日南非兰特汇率

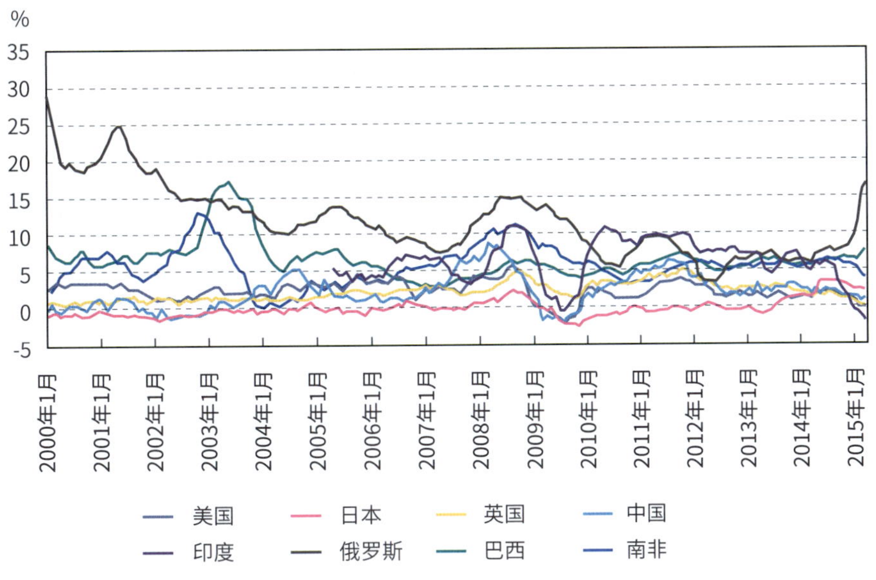

数据来源：路透、Wind资讯。

图1-11　2000年1月～2015年2月部分经济体消费者价格指数增长情况

格指数增长情况见图1-11。

2. 全球外汇储备币种构成

2014年年末，全球外汇官方储备11.6万亿美元。美元、欧元是全球最主要的储备货币。从表1-7可知，在可识别储备币种中，美元占62.88%，欧元占22.21%。

表1-7　全球可识别官方外汇储备币种构成

单位：%

	2008年	2010年	2012年	2013年	2014年
美元	64.1	61.4	61.29	61.04	62.88
欧元	26.4	26.3	24.22	24.38	22.21
英镑	4	4	4.04	3.98	3.8
日元	3.1	3.8	4.09	3.82	3.96
瑞士法郎	0.1	0.1	0.21	0.27	0.28

资料来源：IMF，Currency Composition of Official Foreign Exchange Reserves (COFER)。

第二章
上海国际金融中心发展情况

2014年，上海市利用自贸区金融改革的契机，扩大金融市场开放，深化金融对外交流与合作，深入推进上海国际金融中心建设。上海自贸区内以资本项目可兑换和金融服务业开放为目标的金融创新有序推进，基本建立了以负面清单管理为核心的投资管理制度，以贸易便利化为重点的贸易监管制度有效运行，初步形成以政府职能转变为核心的事中、事后监管制度，区内27项制度创新成果先后在全国或部分地区复制推广。

金融市场改革和创新取得突破。作为资本市场重大制度创新的“沪港通”试点启动，沪、港两地证券市场成功实现联通，为资本市场继续推动双向开放奠定了良好基础。上海黄金交易所国际板推出，中国黄金市场实现进一步对外开放。中国外汇交易中心推出人民币对欧元、英镑、新西兰元、新加坡元直接交易，扩大了人民币的跨境使用。上海清算所推出人民币利率互换集中清算业务，我国场外市场风险集约管理能力再上新台阶。

金融机构加快集聚。金砖国家开发银行落户上海，成为首个总部设在上海的国际多边金融组织。包括农业银行上海管理部、太平石化金融租赁公司、太平洋保险养老产业投资管理公司等功能性金融机构落户。民营金融加快发展，中国民生投资股份有限公司成立，上海首家民营银行——华瑞银行获批筹建。

一、经济金融发展概况

2014年，上海市经济平稳增长，第三产业比重进一步提升。全年生产总值23 560.94亿元，按可比价格计算，比上年增长7%，增速比上年回落0.7个百分点。第三产业增加值15 271.89亿元，增长8.8%，占全市生产总值的比重达到64.8%，比上年提高1.6个百分点。居民消费价格温和上涨。全年居民消费价格上涨2.7%，涨幅比上年提高0.4个百分点。2015年第一季度，全市生产总值同比增长6.6%，固定资产投资增长3.2%，社会消费品零售总额增长7.8%，进出口总额下降2.7%，居民消费价格上涨2.3%。

其中，上海金融业在支持经济社会发展的同时，自身也取得较快发展。2014年金融业实现增加值3 268.43亿元，同比增长14%，占全市GDP的比重为13.9%；全市本外币各项存款余额7.4万亿元，同比增长6.7%；本外币各项贷款余额为4.8万亿元，同比增长8%。2014年上海金融市场交易总额为786万亿元，同比增长23%；金融市场直接融资总额为6.1万亿元，同比增长42.6%。2015年第一季度，金融业实现增加值967.63亿元，同比增长28.7%；全市本外币各项存款余额为9.1万亿元，同比增长12%；本外币各项贷款余额为5万亿元，同比增长8.5%。

在金融业平稳发展的同时，金融从业人员数量及其薪酬得到了相应增长。

表2-1　上海市经济金融基本情况

项目	2010年	2011年	2012年	2013年	2014年	2015年第一季度
国内生产总值（亿元）	17 165.98	19 195.69	20 181.72	21 602.12	23 560.94	5 815.79
其中：金融业增加值（亿元）	1 950.96	2 277.40	2 450.36	2 823.29	3 268.43	967.63
全社会固定资产投资（亿元）	5 317.67	5 067.09	5 254.38	5 647.79	6 016.43	1 099.03
地方财政收入（亿元）	2 873.58	3 429.83	3 743.71	4 109.51	4 585.55	
地方财政支出（亿元）	3 302.89	3 914.88	4 184.02	4 528.61	4 923.44	
社会消费品零售总额（亿元）	6 070.50	6 814.80	7 412.30	8 052.00	8 718.65	2 366.03
居民消费价格指数（以上年为100）	103.1	105.2	102.8	102.3	102.7	102.3
进出口总额（亿美元）	3 688.69	4 374.36	4 367.58	4 413.98	4 666.22	6 514.94
其中：进口（亿美元）	1 880.85	2 276.47	2 299.51	2 371.54	2 563.45	3 652.97
出口（亿美元）	1 807.84	2 097.89	2 068.07	2 042.44	2 102.77	2861.97
常住人口（万人）	2 302.66	2 347.46	2 380.43	2 415.15	2 425.68	
城市居民家庭人均可支配收入（元）	31 838	36 230	40 188	43 851	47 710	14 153

数据来源：上海统计年鉴和统计公报。

表2-2　上海市金融业从业人员和平均工资

项目	2009年	2010年	2011年	2012年	2013年
从业人员（万人）	22.11	24.11	28.41	30.05	30.86
平均工资（元）	141 185	161 126	167 173	172 077	178 062

数据来源：上海统计年鉴。

专栏2-1　上海及陆家嘴金融城简介

一、上海简介

上海，中华人民共和国直辖市之一，中国的经济、金融中心，拥有中国大陆首个自贸区“中国（上海）自由贸易试验区”。

上海作为中国民族工业的发祥地，地处东经120°52′至122°12′，北纬30°40′至31°53′之间，位于太平洋西岸，亚洲大陆东沿，中国南北海岸中心点，长江和黄浦江入海汇合处。北界长江，东濒东海，南临杭州湾，西接江苏和浙江两省，共同构成以上海为龙头的中国最大经济区——“长三角经济圈”。上海属北亚热带湿润季风性气候，四季分明，日照充足，雨量充沛，气候温和湿润，春秋较短，冬夏较长。

截至2014年年末，上海市常住人口超过2 500万人。其中，外来常住人口超过1 000万人。常住人口出生率为9.56‰，死亡率为5.36‰，自然增长率为4.2‰。上海市户籍人口平均期望寿命达到82.41岁。其中，男性为80.18岁，女性为84.67岁。

上海是中国的经济、交通、科技、工业、金融、贸易、会展和航运中心。GDP总量居中国城市之首。上海港货物吞吐量和集装箱吞吐量均居世界第一，是一个良好的滨江、滨海国际性港口，上海正致力于在2020年建成国际金融、航运和贸易中心。

在解放之前，上海曾是远东第一金融中心，无论股票、黄金、外汇等金融市场规模全部雄踞亚洲第一。上海是全球第二大期货交易中心，仅次于芝加哥；全球最大黄金现货交易中心；全球第二大钻石现货交易中心；全球三大有色金属定价中心之一。但是，在1956年公私合营后，所有资本市场被关闭。以1987年交通银行恢复营业以及1990年上海证券交易所成立为标志，上海金融市场开始恢复。2005年，中国人民银行设立上海总部。2009年，上海启动人民币国际结算试点。同时，上海陆续建立了众多金融基础设施，几乎囊括了全中国所有的金融市场要素：如上海证券交易所、上海期货交易所、中国金融交易所、上海钻石交易所、黄金交易所、金融衍生品交易所、银行间债券市场、中国外汇交易中心等金融市场。此外，众多金融机构总部集聚于上海。

上海是中国的历史文化名城，拥有深厚的近代城市文化底蕴和众多历史古迹，江南的吴越传统文化与各地移民带入的多样文化相融合，形成了特有的海派文化。目前，上海的文化节日有上海国际电视节、上海国际电影节、上海国际艺术节、上海国际旅游节、上海之春国际音乐节等。上海电视节是中国创办最早的国际电视节，1986年创立。上海国际电影节创办于1993年，是国际九大A类电影节之一，最高奖项为“金爵奖”。2010年，上海成功举办了世界博览会。

上海也是中国主要旅游城市之一。主要景点有上海博物馆、上海城市规划展示馆、上海大剧院、上海豫园、上海外滩风景区、上海新天地娱乐休闲街、陆家嘴金融贸易区、佘山国家森林公园、东滩世界地质公园、淀山湖等。

二、陆家嘴金融贸易区简介

陆家嘴金融贸易区，俗称陆家嘴金融城，位于上海浦东新区，与外滩隔黄浦江相望，面积31.78平方公里，即上海城市内环线浦东部分。陆家嘴中心区，俗称小陆家嘴，是上海和浦东重要的金融集聚区和高档商务区，面积1.7平方公里，区域内高楼林立，各类金融机构集聚。

1990年国务院批准的陆家嘴金融贸易区是国家级开发区中唯一以“金融贸易”命名的开发区。2009年3月25日，国务院常务会议通过《关于推进上海加快发展现代服务业和先进制造业、建设国际金融中心和国际航运中心的意见》，陆家嘴被确认为上海打造国际金融中心的核心区域。随着中央决定将中国（上海）自由贸易试验区扩区到陆家嘴，陆家嘴作为上海国际金融中心核心功能区的地位越发凸显。

伴随人民币国际化的深入推进，与人民币产品创新、定价、交易、清算相关的国内外金融机构进一步加速向陆家嘴布局。陆家嘴金融贸易区拥有国内最为完备的金融市场体系、金融基础设施、金融生态环境，为金融机构的落地、金融人才的集聚、金融交易的活跃提供了重要平台。截至2014年年末，集聚了728家银、证、保等持牌金融机构，分别占上海市的60%和浦东新区的90%，银行类机构211家，证券类机构317家，保险类机构198家，其他非银行类金融机构1 400多家。各类要素市场10多家。各类总部机构300多家，跨国公司地区总部达87家。集聚航运机构1 063家，其中航运服务机构850家。形成了较为完善的金融市场体系。

截至2014年年末，区内已建成各类商办楼宇230幢，建筑面积约1 168万平方米，2015年还将释放100万平方米的商办楼宇面积。另外，拥有高质量的商业设施，是浦东高档消费、时尚、休闲、娱乐等商业的集中代表区。正式挂牌的四星级以上宾馆达到22家，经济连锁酒店也遍及各个区域，满足不同消费群体需求。目前已形成以陆家嘴金融文化节为代表，各类金融博物馆和文化场馆集聚的金融特色文化。各类会展场所设施一流、功能齐全，每年举办的国际性展览平均达到100次以上，为世界各地的商业和文化交流提供了良好的平台。

陆家嘴金融贸易区还有便捷的航路优势——跨江大桥、海底隧道、磁悬浮列车、地铁线路织成密集的交通网络，距浦东国际机场35公里，距虹桥国际机场15公里，距外高桥深水港20公里，距洋山深水港60公里。邻近的浦东国际机场与世界各地的城市都能直接或间接通航；与综合保税区外高桥港区相接，借此与世界各重要的港口城市相通，每年有数以万亿元计的货物运往世界各地，其区位优势可见一斑。

作为浦东乃至上海重要的中心，陆家嘴未来将以全球开放度最高、影响力最大的纽约华尔街、伦敦金融城为重要参照系，积极借鉴国际先进经验，探索推进建立与国际通行规则相衔接的金融制度体系以及与总部经济等现代服务业发展相适应的制度安排，持续推进投资便利化、贸易自由化、金融国际化和监管制度创新，加快形成更加国际化、市场化、法制化的公平、统一、高效的营商环境，努力打造国际金融中心的主要承载区、国际航运中心的高端服务区、国际贸易中心的总部集聚区。

二、金融服务业与金融机构

（一）银行业

截至2014年年末，上海银行业金融机构资产总额为11.27万亿元，同比增长15.14%；负债总额为10.86万亿元，同比增长14.86%；各项贷款余额为4.79万亿元，同比增长8%；各项存款余额为7.39万亿元，同比增长6.7%；不良贷款余额为427.14亿元，比年初增加69.42亿元；不良贷款率为0.89%，比年初上升0.08个百分点。全年累计实现净利润1 175.01亿元，同比多增183.79亿元。

表外资产占比上升。银行业表外业务余额为19 824.81亿元，同比增长16.41%，增速高于同期各项贷款。表外业务与总资产的比值升至17.60%，比年初上升0.2个百分点。

利息收入占比趋降。截至2014年年末，上海银行业利息净收入为2 009亿元，在营业净收入中占比为74.4%，同比减少1.74个百分点；中间业务收入为523亿元，在营业净收入中占比为19.4%，同比基本持平。与全国盈利结构比较，上海利息净收入占比低于全国，中间业务收入占比则高于全国。上海市中外资金融机构本外币存贷款情况见表2-3。

表2-3 上海市中外资金融机构本外币存贷款情况

单位：亿元

项目	2010年	2011年	2012年	2013年	2014年
各项存款余额	52 190.04	58 186.48	63 555.25	69 256.32	73 882.45
其中：单位存款	24 991.39	34 941.43	37 555.71	41 491.55	44 149.12
个人存款	16 249.29	18 920.43	21 512.01	23 097.35	24 057.05
各项贷款余额	34 154.17	37 196.79	40 982.48	44 357.88	47 915.81
其中：短期贷款	9 278.11	11 265.81	12 990.02	13 673.51	13 412.75
中长期贷款	21 693.69	22 803.21	23 595.68	25 901.85	28 451.63
人民币个人消费贷款	4 841.45	5 914.48	6 341.38	7 700.47	8 753.46
其中：个人住房贷款	4 399.90	4 753.99	4 925.98	5 686.28	6 258.86
汽车消费贷款	134.29	662.65	822.05	1 278.30	1 524.11

数据来源：中国人民银行上海总部。

（二）证券期货业

2014年年末，上海共有证券公司22家，占全国123家的17.9%，证券公司分公司76家，证券营业部559家。证券投资咨询公司16家，异地咨询公司在沪分公司6家，证券资信评级机构3家。证券公司总资产9 168.4亿元，净资产1 923.9亿元，净资本1 449.2亿元，分别比上年增长100.55%、13.99%和17.53%。上海证券机构经营情况见表2-4。

2014年年末，上海共有基金公司45家，占全国95家的47.37%；基金公司分支机构28家；基金评价机构3家，独立基金销售机构13家，基金第三方支付机构7家，基金公司专业子公司34家。基金公司管理公募基金797只，基金总净值12 768.79亿元，比上年分别增长18.2%和35.7%。基金公司子公司管理资产12 020亿元，增长113.2%。上海基金机构经营情况见表2-5。

2014年年末，上海共有期货公司28家，占全国151家的18.5%；期货营业部137家、期货公司分公司1家、期货公司风险管理子公司13家。期货公司总资产855.34亿元（含客户

表2-4 上海证券机构经营情况

单位：家，亿元

项目	2010年	2011年	2012年	2013年	2014年
证券公司数量	16	17	20	20	22
总资产	3 967.4	3 271.3	3 884.2	4 571.6	9 168.4
总负债	2 672.8	1 911.4	2 291.7	2 883.8	7 244.5
净资产	1 294.5	1 359.9	1 592.5	1 687.8	1 923.9
净资本）	1 010.2	995.7	1 139.9	1 233.0	1 449.2
营业收入	341.9	276.7	259.2	307.8	518.3
净利润	151.6	103.7	82.8	91.9	211.5

数据来源：上海证监局。

表2-5　上海基金机构经营情况

项目	2013年		2014年	
	绝对数	同比增减(%)	绝对数	同比增减(%)
基金公司数（家）	44	18.9	45	2.3
基金公司资产管理总规模（亿元）	13 439.55	14.5	20 007.99	48.9
公募基金数量（只）	674	28.6	797	18.3
公募基金总份额（亿份）	9 692.23	-5.3	12 244	26.3
公募基金总净值（亿元）	9 407.18	3.3	12 768.79	35.7
基金公司当年新发基金数（只）	151	29.1	122	-19.2

数据来源：上海证监局。

表2-6　上海期货机构经营情况

单位：家，亿元

项目	2013年		2014年	
	绝对数	同比增减(%)	绝对数	同比增减(%)
期货公司数量	28	-6.7	28	0
总资产	618.22	13.1	855.34	38.4
净资产	103.40	16.0	129.95	25.7
净资本	89.94	9.8	105.33	17.1
客户权益	501.94	12.2	710.09	41.47
净利润	7.08	1.7	11.30	59.6

数据来源：上海证监局。

权益），净资产129.95亿元，净资本105.33亿元，客户权益710.09亿元，分别比上年增长38.4%、25.7%、17.1%和41.5%。上海期货机构经营情况见表2-6。

（三）保险业

2014年年末，上海共有50家法人保险机构，其中，保险集团1家，财产险公司18家，人身险公司22家，再保险公司3家，资产管理公司6家；共有88家省级保险分支机构，其中，财产险分公司45家，人身险分公司41家，再保险分公司2家。全市共有213家保险专业中介法人机构，其中，保险代理机构106家，保险经纪机构63家，保险公估机构44家；共有150家保险专业中介分支机构，其中，保险代理机构75家，保险经纪机构50家，保险公估机构25家。

2014年，上海原保险保费收入累计986.75亿元，比上年增长20.13%。其中，财产险公司原保险保费收入343.17 亿元，增长12.58%；人身险公司原保险保费收入643.58亿元，增长24.58%。上海市保险赔付支出累计378.66亿元，增长25.40%。其中，财产险赔款支出177.24亿元，增长9.18%；寿险给付158.41亿元，增长53.55%；健康险赔款给付37.51亿元，增长17.89%；意外险赔款支出5.50亿元，增长18.80%。截至2014年年末，上海保险公司总资产共计5 854.10亿元，较上

表2-7　上海保险业运行基本情况

项目	2011年	2012年	2013年	2014年
保险公司数（家）	120	128	131	138
保险公司总资产（亿元）	2 900.78	3 474.37	4 155.35	5 854.10
原保险保费收入（亿元）	753.11	820.64	821.43	986.75
其中：财产险公司（亿元）	244.57	271.72	304.83	343.17
人身险公司（亿元）	508.54	548.92	516.60	643.58
保险赔付支出（亿元）	260.71	255.79	301.95	378.66
保险密度[①]（元/人）	3 208	3 448	3 401	4 068
保险深度（%）	3.92	4.08	3.80	4.19

数据来源：上海保监局。

年年末增加1 698.75亿元，增长40.88%。上海保险业运行基本情况见表2-7。

三、金融市场运行

（一）货币市场

2014年，货币市场成交大幅增长。受债券市场行情向好、市场加杠杆需求增加等因素的带动，回购交易持续活跃，全年货币市场共成交262.1万亿元，同比增长35.3%，增幅较上年大幅增加。其中，同业拆借成交37.7万亿元，同比增长6%；质押式回购成交212.4万亿元，同比增长39.8%；买断式回购成交12万亿元，同比增长94%。货币市场交易情况见表2-8；2014年货币市场融资情况表见2-9。

（二）债券市场

2014年，银行间债券市场较为活跃，累计成交40.8万亿元，同比下降2.2%。尽管市场累计成交同比仍微跌，但从月度数据看，成交相较2013年下半年的低点反弹明显。受债券牛市行情的推动，机构借入债券便利回购的意愿增强，债券借贷获爆发式增长，全年债券借贷成交4 019.9亿元，比上年增长507%。从成交券种看，受超日债等部分债券

表2-8　货币市场交易情况

单位：万亿元

品种	2010年	2011年	2012年	2013年	2014年
同业拆借	27.9	33.4	46.7	35.5	37.7
债券回购	87.6	99.5	141.7	158.2	224.4
其中：质押式回购	84.7	96.7	136.6	152.0	212.4
买断式回购	2.9	2.8	5.1	6.2	12.0
合计	115.5	132.9	188.4	193.7	262.1

数据来源：中国外汇交易中心。

①保险密度=保费收入/常住人口。

表2-9　2014年货币市场融资情况

单位：亿元

机构类型	拆借净额	回购净额	货币市场融资净额
大型商业银行	-49 787.1	-515 444.3	-565 231.4
政策性银行	-59 989.8	-413 991.0	-473 980.8
股份制商业银行	-48 222.7	11 362.4	-36 860.3
投资产品	—	-30 761.5	-30 761.5
境外机构	95.3	73.8	169.1
外资银行	4 034.9	13 271.8	17 306.8
其他	22 810.1	-494.4	22 315.8
保险公司	179.6	91 608.8	91 788.4
基金	—	145 425.9	145 425.9
农村金融机构	5 639.8	209 275.4	214 915.2
证券公司	78 389.5	196 847.5	275 237.0
城市商业银行	46 850.2	292 825.6	339 675.8

注：大型商业银行包括工商银行、农业银行、中国银行、建设银行、交通银行、邮政储蓄银行6家；股份制商业银行指除交通银行之外的股份制银行；保险公司包括保险公司、保险公司的资产管理公司、保险公司的保险产品；基金含基金公司、基金、社保基金、企业年金、基金公司的特定客户资产管理业务；投资产品包括信托公司的金融产品、证券公司的证券资产管理业务、商业银行资管、其他投资产品；境外机构包括境外银行、人民币合格境外机构投资者、境外保险公司、合格境外机构投资者；其他包括除上述会员类型外的所有类型。

数据来源：中国外汇交易中心。

表2-10　2014年债券交易按券种类型、待偿期统计情况

单位：亿元，%

债券类型	成交金额	占比	待偿期分类	成交金额	占比
央行票据	1 281.6	0.3	0~1 年期	128 084.7	31.7
国债	57 725.6	14.3	1~3 年期	112 550.7	27.9
政策性金融债	166 354.5	41.2	3~5 年期	66 441.5	16.5
中期票据	51 669.8	12.8	5~7 年期	65 365.9	16.2
短期融资券	31 413.4	7.8	7~10 年期	29 760.5	7.4
企业债	45 839.5	11.4	10~15 年期	469.9	0.1
财务公司债	17.3	0.0	15~30 年期	139.7	0.0
超短期融资券	22 824.1	5.7	30年及以上	772.9	0.2
定向工具	7 394.9	1.8	总计	403 585.7	100.0
二级资本工具	212.6	0.1			
国际开发机构债	1.0	0.0			
集合票据	132.0	0.0			
金融租赁公司金融债	30.2	0.0			
其他	8 210.0	2.0			
汽车金融公司金融债	543.9	0.1			
同业存单	2 221.0	0.6			
证券公司短期融资券	7 714.4	1.9			
总计	403 585.7	100.0			

数据来源：中国外汇交易中心。

出现信用违约事件的影响，信用债成交出现下滑，成交量同比下降20.2%，市场占比由上年的53.7%降为44.1%。利率债成交稳步增长，成交量同比增长16.9%，成交占比较上年增加9个百分点至55.8%。2014年债券交易按券种类型、待偿期统计情况见表2-10。

2014年，上海证券交易所债券市场的挂牌量、托管量和交易量均有大幅提升。债券挂牌2 603只，托管量2.29万亿元，交易量86.68万亿元（现券2.54万亿元），分别较2013年增长54%、32%和39%（现券同比增长66%），均创历史新高。共有199家企业发行中小企业私募债券，支持中小企业融资370.64亿元。

（三）股票市场

2014年，上海证券交易所各类有价证券总成交金额为128.15万亿元，增长48.1%，其中，股票成交金额为37.72万亿元，增长63.8%。股票市场总市值为24.40万亿元，增长61.40%；股市筹资总额为3 962.59亿元，增长57.51%。在世界交易所联合会（WFE）中，上海证券交易所股票市场市价总值排名第四，交易量排名第三，筹资额排名第四，股指涨幅居主要市场之首，国际影响力显著提升。上海证券市场概况见表2-11。

表2–11　上海证券市场概况

项目	2010年	2011年	2012年	2013年	2014年
上市公司数（家）	894	931	954	953	995
上市证券数（家）	1 500	1 691	2 098	2 786	3 758
上市股票数（家）	938	975	998	997	1 039
新上市公司数（家）	26	39	26	1	43
发行股本（亿股）	21 939.5	23 466.65	24 617.62	25 751.69	27 085.17
流通股数（亿股）	16 031.3	17 993.80	19 521.34	23 731.13	24 914.59
股票市价总值（亿元）	179 007	148 376.22	158 698.44	151 165.27	243 974.02
流通市值（亿元）	142 337	122 851.36	134 294.45	136 526.38	220 495.87
筹资总额（A股）(亿元)	5 532.14	3 199.69	2 890.31	2 515.72	3 962.59
(B股)	0	0	0	0	0
全年成交金额（亿元）	398 396	454 651.56	547 535.23	865 098.34	1 281 497.98
股票	304 312	237 560.45	164 545.01	230 266.03	377 162.12
基金	4 771.71	2 901.41	3 171.36	8 989.48	37 479.25
债券	74 914.4	210 714.87	379 818.85	625 839.41	866 848.59
权证	14 397.6	3 474.82	0	0	4.27
其他	0	0	0	3.42	3.75
日均成交金额（亿元）	1 646.26	1 863.33	2 253.23	3 634.87	5 230.6
日均股票成交金额（亿元）	1 257.49	973.61	677.14	967.50	1 539.44
全年股票成交数量（亿股）	25 964.4	21 193.87	18 948.94	26 718.85	42 938.82
日均股票成交数量（亿股）	107.29	86.86	77.98	112.26	175.26
全年股票成交笔数（万笔）	166 149	127 327.64	92 554.96	115 321.33	159 087.95
日均股票成交股数（万笔）	686.57	521.84	380.89	484.54	649.34

数据来源：上海证券交易所。

（四）外汇市场

2014年年末，人民币对美元中间价报6.1190，较上年年末6.0969贬值221个基点，贬值幅度0.36%，为2005年汇改以来首个年度贬值。2005年汇改至2014年年末，人民币对美元汇率中间价累计升值35.3%。2014年，人民币对卢布、欧元、日元、加拿大元、澳大利亚元、英镑和林吉特分别升值67.7%、12.9%、12.5%、8.5%、8.2%、5.4%和4.8%，对港元贬值0.3%。国际清算银行（BIS）的数据显示，2014年人民币名义有效汇率和实际有效汇率分别升值6.4%和6.2%。

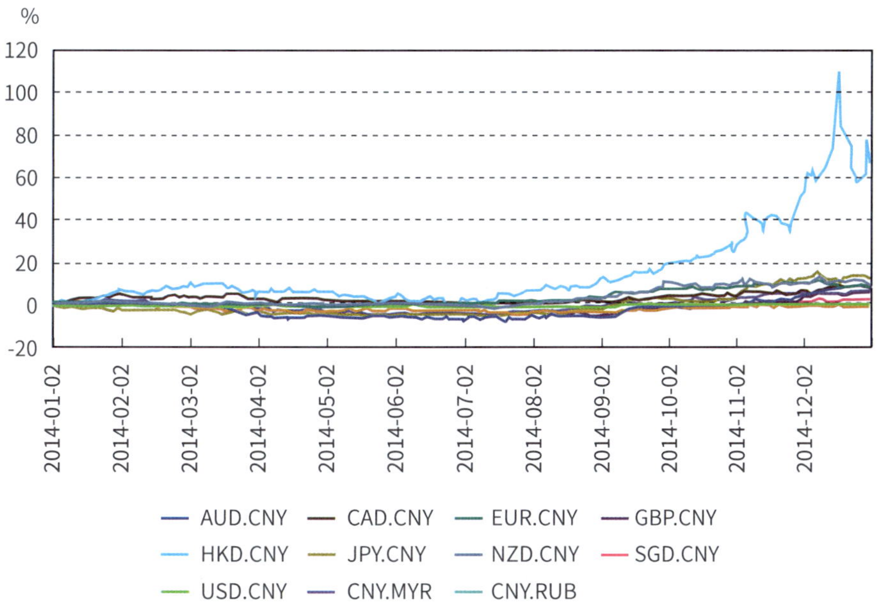

数据来源：中国外汇交易中心。

图2-1 人民币汇率中间价年内升幅

汇率波幅进一步扩大。2014年3月中国人民银行发布通知，自3月17日起银行间即期外汇市场人民币对美元交易汇率浮动幅度扩大至2%。人民币汇率浮动幅度逐步扩大、有步骤推进，体现为渐进的改革安排。1994年人民币汇率浮动幅度是3‰，2007年5月从3‰扩大至5‰，2012年4月扩大至1%，此次是第三次拓宽波幅。近年来，我国外汇市场发育进一步成熟，交易量持续增长，交易品种不断增加，交易主体控制风险的能力逐步提高，自主定价的意愿日渐增强，也需要更大的波幅区间，以适应外汇市场的进一步发展。扩大汇率浮动幅度有利于增强人民币汇率浮动弹性，优化资金配置效率，增强市场配置资源的决定性作用。此外，人民币对各种货币零售汇价放开。中国人民银行发布通知，自2014年7月1日起，银行可基于市场需求和定价能力对客户自主挂牌人民币对各种货币汇价，现汇、现钞挂牌买卖价没有限制，根据市场供求自主定价。

（五）黄金市场

2014年，上海黄金交易所黄金成交量为1.85万吨，比上年增长59.17%；成交金额

数据来源：中国外汇交易中心。

图2-2　2014年人民币对美元交易汇率的双向波幅

为4.59万亿元，增长42.81%；日均交易量为75.46吨，增长54.63%；夜市黄金成交3 265.90吨，增长58.49%。交易所国际业务板块（以下简称国际板）共成交黄金190.55吨，成交金额为454.53亿元。

2014年，延期交易合约是交易所市场交易量最大的黄金交易合约，占黄金总成交量的53.44%，显示了国内市场较为强劲的黄金投资需求。延期交易合约共成交9 880.19吨，比上年增长47.58%。

实物黄金需求大，处于历史高位。全年进口黄金1 293.53吨，比上年下降16.17%。其中，通过国际板进口黄金14.54吨，占总进口量的1.12%。交易所黄金入库2 178.41吨，下降0.89%；黄金出库2 102.36吨，下降4.31%。实物交割清算黄金（不含国际板）共计1.13万吨，增长54.19%。实物黄金交割比（不含国际板）22.78%，减少15.05个百分点。

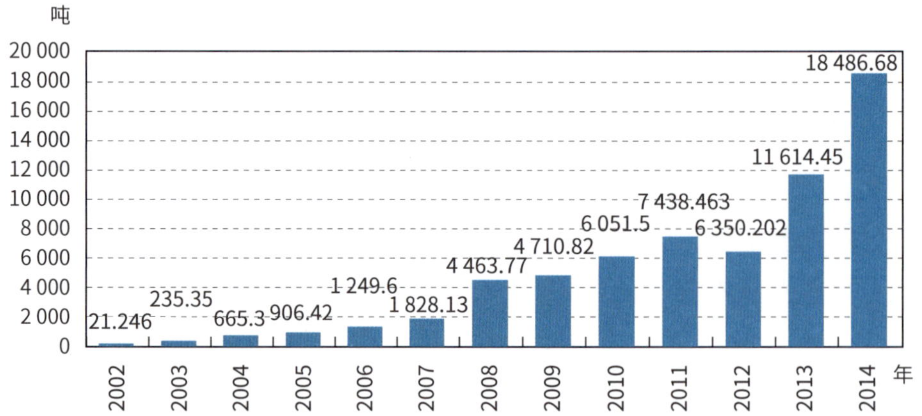

数据来源：上海黄金交易所。

图2-3　上海黄金交易所历年黄金交易量

交易所询价市场快速发展。一是交易量大幅增长，全年交易量2 799.35吨，比上年增长192.33%。其中，银行间询价市场成交1 163.89吨，增长752.02%。二是市场份额明显扩大，询价市场交易量占交易所黄金交易总量的比例由8.18%增长至15.58%。三是市场参与主体范围不断扩展，全年银行间市场参与机构新增16家，增长59.26%；交易所询价市场参与者新增263家，增长118.47%。

（六）期货市场

1. 商品期货市场

2014年，上海商品期货市场运行规范有序，交易规模稳步增长。全年市场总成交金额为63.24万亿元（数据按单边计算，下同），总成交量为8.42亿手，分别比上年增长4.67%和31.10%，分别占全国的49.41%和36.81%。市场运行呈现三个方面特点：一是投资者结构逐步合理，二是客户套保积极性明显提高，三是各品种走势与国际市场联动紧密。2014年上海商品期货市场交易情况见表2-12。

2. 金融期货市场

2014年，沪深300股指期货共成交2.17亿手，比上年增长12.13%；总成交金额为163.14万亿元，增长15.95%；日均成交88.43万手，增长9.34%；日均持仓16.42万手，增长54.31%。2014年沪深300股指期货每日成交量见图2-4；2014年沪深300股指期货每日持仓量见图2-5。

从股指期货市场看，随着投资者套保对冲意识不断增强，资产管理机构中性产品发行规模大幅增加，各类机构参与进程加快。2014年年底，特殊法人客户日均持仓量达到6万手，较2013年增长80.8%。作为多头套保的主要力量，以基金管理公司和信托公司为代

表2–12　2014年上海商品期货市场交易情况

品种	成交量（万手）		同比（%）	占全国比重（%）	成交金额（亿元）		同比（%）	占全国比重（%）
	当年累计	上年同期累计			当年累计	上年同期累计		
铜	7 051.03	6 429.59	9.67	3.08	168 728.76	167 323.62	0.84	13.19
铝	1 392.63	330.56	321.30	0.61	9 628.45	2 407.32	299.97	0.75
锌	4 042.93	1 208.32	234.59	1.77	33 285.68	9 040.92	268.17	2.60
铅	145.78	17.28	743.85	0.06	1 036.43	246.28	320.84	0.08
黄金	2 386.54	2 008.78	18.81	1.04	59 913.14	53 545.31	11.89	4.68
白银	19 348.77	17 322.26	11.70	8.46	115 091.49	115 554.86	-0.40	8.99
橡胶	8 863.16	7 243.81	22.36	3.87	127 785.03	145 267.78	-12.03	9.99
燃料油	0.15	0.10	41.39	0.00	2.48	2.51	-1.23	0.00
石油沥青	65.02	313.43	-79.26	0.03	276.86	1 370.53	-79.80	0.02
螺纹钢	40 807.81	29 372.89	38.93	17.83	116 204.03	109 407.13	6.21	9.08
线材	0.07	0.39	-82.78	0.00	0.22	1.46	-84.99	0.00
热轧卷板	125.54			0.05	400.68	0.00		0.03
上海合计	84 229.42	64 247.40	31.10	36.81	632 353.25	604 167.73	4.67	49.41
全国合计	228 823.75	186 822.39	22.48	100.00	1 279 696.87	1 264 673.29	1.19	100.00

数据来源：上海期货交易所。

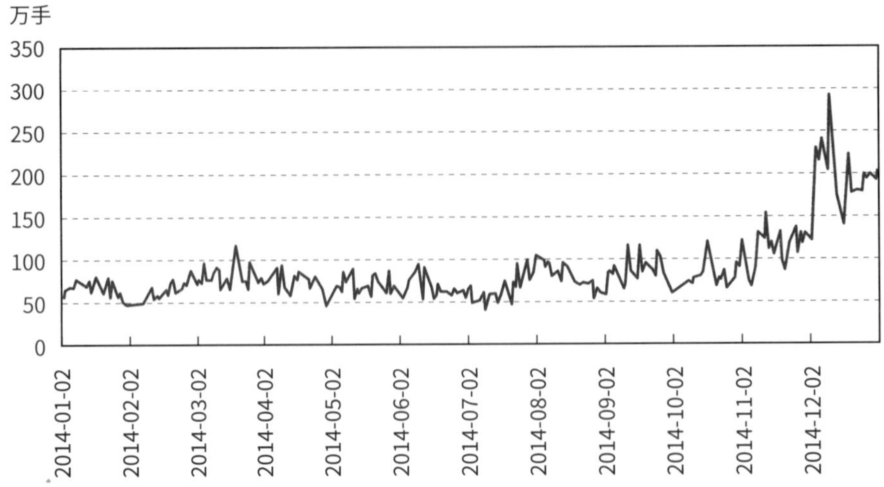

数据来源：中国金融期货交易所。

图2–4　2014年沪深300股指期货每日成交量

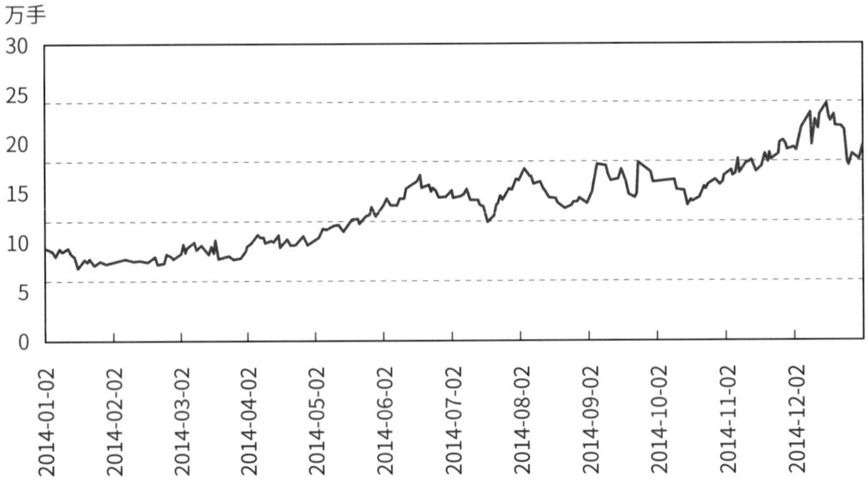

数据来源：中国金融期货交易所。

图2–5　2014年沪深300股指期货每日持仓量

表的资产管理机构持仓持续增长，已占机构总持仓量半数。参与程度较高的12家证券公司，其大盘蓝筹股持仓比例由不足30%增至50%，促进了股市稳定。

2014年，5年期国债期货总成交92.29万手，日均成交3 767手，日均成交金额为35.86亿元。国债期货平均成交持仓比为0.40，接近成熟市场水平，投资者参与较为理性。随着国债期货市场规模稳步增长，市场流动性水平有所改善。2014年5年期国债期货每日成交量见图2-6；2014年5年期国债期货每日持仓量见图2-7。

国债期货上市以来，机构投资者参与的广度和深度在不断提高。从国债期货交易情况看，2014年，法人客户日均成交占全市场的比例为28.72%，较2013年提高14.07%；从

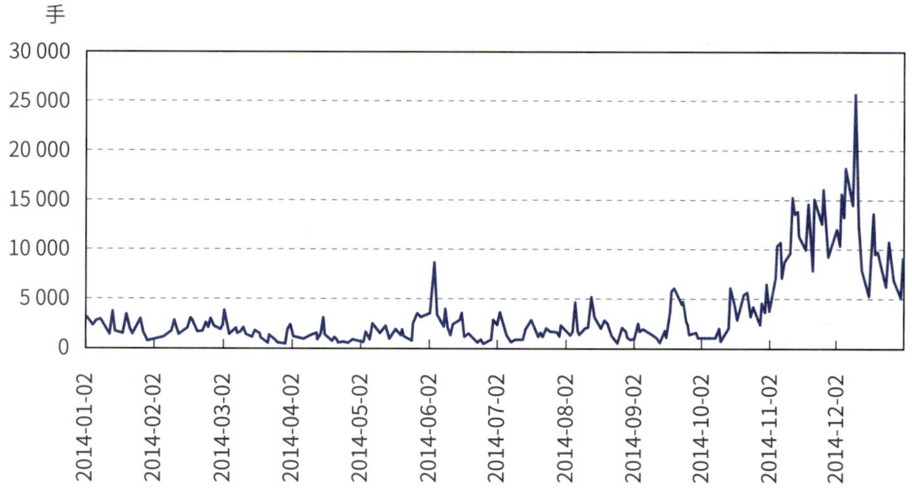

数据来源：中国金融期货交易所。

图2-6　2014年5年期国债期货每日成交量

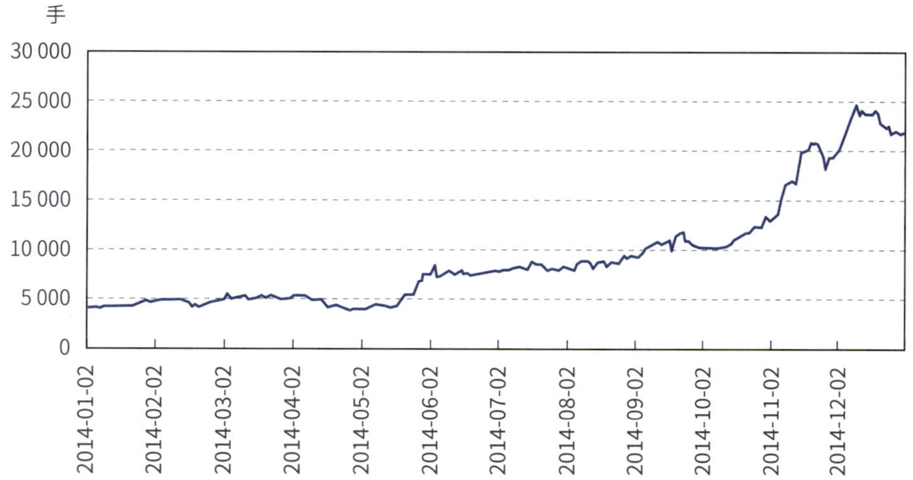

数据来源：中国金融期货交易所。

图2-7　2014年5年期国债期货每日持仓量

持仓情况看，2014年年底，法人客户持仓占全市场的比例为62.64%，较2013年年底提高24.47%。机构投资者的积极参与增强了国债期货市场的流动性。与国债现货二级市场相比，期货的日均成交量是相近期限现券交易的两倍以上，价格发现功能进一步体现，对健全反映市场供求的国债收益率曲线具有积极作用。

（七）金融衍生品市场

2014年，银行间衍生品市场交投进一步活跃。利率衍生品成交4.0万亿元，比上年增长48.0%。外汇衍生品成交4.7万亿美元，增长34.8%。其中，外汇远期成交573.9亿美元，增长59.9%；外汇掉期成交45 006.3亿美元，增长31.4%；货币掉期成交100.7亿美

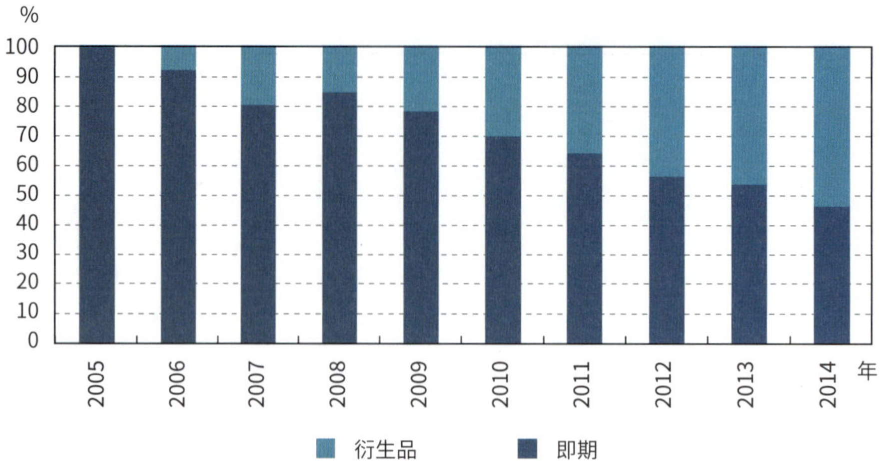

数据来源：中国外汇交易中心。

图2-8　银行间外汇市场即期、衍生品格局

元，增长312.6%；外汇期权成交1 298.9亿美元，增长497.3%。外汇衍生品成交占比53.0%，较上年增长7.1个百分点，首次超过外汇即期成交。

四、金融创新和对外开放

（一）金融业的金融创新和对外开放

1. 银行业

2014年，上海银行业通过管理机制、商业模式和技术改良革新，推动各种要素的重组，改进和提升服务。一是发挥上海作为全国资金集聚中心的优势，以国际金融中心建设、上海自贸区建设为契机，在跨境业务、分账核算业务、离岸业务等业务创新方面取得突破；二是推动商业模式创新，重点加强债券市场投资与交易业务等7个业务领域的产品创新，向“网点—网络—移动终端”的全方位金融服务模式转变；三是针对利率市场化加快、金融“脱媒”加深的挑战，提升全面风险管理能力，加快管理方式、技术流程创新，向精细化管理转变。

2014年5月，上海银监局对外发布《关于试行中国（上海）自由贸易试验区银行业监管相关制度安排的通知》，就试验区业务的风险评估、统计监测以及试验区内机构高管的监管便利安排、试验区银行业的功能布局及资源支持等给出了明确的监管指引，初步构建形成相对独立的自贸区银行业监管框架。截至2014年年末，累计49家银行业金融机构的54个营业性网点获批入区经营，主要中外资商业银行均在自贸区内设立了网点，并以跨境业务为特色加快发展自贸金融，银行业金融机构成为上海自贸区金融改革的主要参与者。目前，自贸区内机构不仅仅是各行开展面向海外、引领全国的业务创新的试点平台，还成为其业务模式创新、管理架构创新和风险管控创新的试验田。此外，自贸区内机构整体风险水平较低，不良率为0.27%。

随着中国银行业对外开放进程的推进，外资银行在沪经营取得积极进展，机构数量、经营规模、客户对象和服务能力均得到良好发展，已成为上海金融业重要组成部分和上海国际金融中心建设的重要参与者。一是外资银行集聚效应增强。上海吸引了来自27个国家和地区的银行来沪设立机构，全球六大洲均有银行在上海设立营业性机构，各种类型外资银行齐聚上海。截至2014年年末，上海共有各类外资银行营业性机构212家，包括22家外资法人银行、70家各类外资银行分行（45家外国银行分行、25家法人银行分行）、128家同城支行，另有外资银行代表处82家。外资银行资产规模从2001年加入世贸组织时的1 962亿元人民币发展至2014年年末的1.32万亿元人民币，年均复合增长率约为16%。上海外资银行资产规模占上海银行业市场份额的11.7%，高于全国这一比例10个百分点。全国外资银行中有一半以上的外资法人银行和外国银行分行注册在上海，外资银行资产规模占在华外资银行的47.3%；上海22家外资法人银行资产规模占在华外资法人银行的82.43%。

二是在沪外资银行加速融入中国市场。第一，服务客户向中资企业和境内个人延伸。上海外资法人银行对中资企业的各项贷款占比从四年前的30%上升到2014年年末的43%，人民币各项贷款占比从68%上升至74%。第二，服务网点向全国辐射。截至2014年年末，上海外资法人银行全国共设分行215家（含筹建）、支行487家，比五年前增长73%。上海外资法人银行网点从沿海发达城市不断向内陆中西部城市扩张，目前已分布全国32个省、直辖市。

三是在沪外资银行“鲶鱼效应”显现。外资银行在其占有优势的贸易融资、中小企业贷款、财富管理、外汇交易和衍生品、银团贷款、现金管理和个人理财等领域，为本地市场引入了丰富的产品、成熟的做法和先进的风险管理经验，促进了上海银行业整体服务能力的提升和有序竞争。目前，在沪外资银行已经在某些方面取得了领先地位，如衍生交易名义本金余额接近全国银行业的1/3，外汇贷款约占上海市场份额的37%；在2014年跨境人民币业务年度业务量全国排名前十的银行中，在沪外资法人银行占据四席。

2. 证券期货业

2014年，上海证券业增强业务创新的深度和广度。1家公司成为市场首家获得结售汇业务资格的非银行金融机构；2家公司获批开展上市公司股权激励行权融资资格试点；3家公司取得黄金自营、代理或借贷业务资格；3家公司发行了收益凭证，5家公司参与权益类证券收益互换交易业务；6家公司开展互联网证券业务试点；8家公司成为“新三板”做市商；10家公司开展港股通经纪业务。此外，9家公司共保荐了227家企业在“新三板”挂牌上市。证券公司创新业务收入占营业收入的比例由3年前不足10%提高到目前的25%，个别公司已高达35%，行业收入来源从单一通道向多元化转变，收入结构明显改善。有2家公司的资产规模和盈利水平位居行业前五。

基金公司创新步伐加快。在组织结构方面，中欧基金开展事业部制改革，并成为全国首家正式实施股权激励方案的公募基金公司；永赢基金率先实施公募基金公司全员持股。在产品创新方面，推出了权益类QDII分级基金、浮动费率制分级基金等创新产品；汇添富、华宝兴业获批公募对冲基金产品。在销售方面，借助互联网金融的发展，多家基金公司与京东、腾讯、苏宁等电商平台开展创新合作；兴全添利宝通过和兴业银行“掌柜钱包”合作，成为上海规模最大的公募基金。

期货公司竞争力提升。共有9家期货公司取得资产管理业务资格，20家期货公司取得投资咨询业务资格、7家期货公司设立了风险管理子公司，1家期货公司取得基金销售业务资格。2014年，期货公司资产管理规模增长7倍，投资咨询业务收入增长近3倍，风险管理子公司开展的仓单服务、基差交易等创新业务在稳步推进。

截至2014年年末，上海共有合资证券公司4家，占全国的36%；合资基金公司25家，占全国的52%；外资代表处69家，占全国近一半。上海证券经营机构积极拓展海外业务。5家证券公司、8家基金公司在香港设立分支机构并取得相关业务牌照。5家证券公司的香港子公司实现营业收入55亿港元，净利润23亿港元，同比增长111.6%、91.7%；8家基金公司的香港子公司共设立46只基金，受托资产总额为300亿元。5家证券公司、7家基金公司借助香港子公司获准开展RQFII业务，获批规模为419.6亿元，管理RQFII资产为254.7亿元。海通证券、国泰君安通过境内外并购布局融资租赁行业；海通国际在新加坡成立分公司，先后收购日本投资股份公司、葡萄牙圣灵投资银行。

上海证券经营机构积极抢占“自贸区”桥头堡，并借力“沪港通”东风，加快推进国际化战略。截至2014年年末，证券公司共在自贸区设立了8家分支机构。证券公司在沪分支机构港股通业务平稳运行，合计开通“港股通”10.8万户，6.6%的账户进行过交易，累计交易量为38.7亿元，持仓余额为17.2亿元。

3. 保险业

2014年，上海保险业以自贸区建设为契机，在产品创新、业务创新、组织创新等方面均有所突破。一是推动落实自贸区保险制度创新。2014年保监会有关支持上海自贸试验区建设三项新举措出台，从产品监管、机构监管、高管人员监管三个方面进一步简政放权。二是以航运保险为重点推进自贸试验区保险业务和模式创新。推出了全国首个航运保险协会条款——无船承运经营者保证金责任保险条款。区内离岸保险业务顺利起步,本外币保单双向跨境业务合作项目正式启动，知识产权保险、文化产业保险、演艺保险、会展保险等险种创新推出。三是鼓励市场主体创新，构建业态齐全、功能强劲的自贸试验区保险市场体系。截至2014年年底，上海自贸区内已有14家保险公司、2家保险中介机构和1家外资代表处。

鼓励市场主体创新，加快保险机构集聚。截至2014年年底，全国186家保险公司中已有109家入驻上海，在沪保险公司主体数占全国总数的59%；在沪保险总公司50家，数量位列全国第二，约占全国总数的三分之一；外资保险总公司27家，约占全国总数的一半。航运保险中心、资金运用中心/数据中心、电网销中心等功能性机构达63家。上海保险市场的机构多样性、市场化程度和对外开放水平在全国首屈一指。

支持功能业态创新，促进经济提质增效升级。一是推动保险资金在上海创新运用。利用债权投资和股权投资等多种方式，支持旧区改造、保障房建设、交通设施、医疗养老服务等民生工程。2014年，保险资金投资上海重大基础设施和不动产债权计划规模过千亿元，位列全国之首。二是创新发挥都市型农业保险保障功能。依托“气象信息+农业保险”合作机制，在全国首创了蔬菜气象指数保险。成功将农产品价格指数保险从绿叶菜推广到畜牧业，创新推出生猪价格指数保险。推进保险参与病死猪无害化处理流程，科学建立了“保险理赔、无害化处理、政府补贴发放”三位一体工作模式。建立了以农险机构、商业再保险、农险大灾风险准备金和政府支持政策组成的农业保险大灾（巨灾）风险分散机制。农业保险为全市种养两业提供风险保障数额占农业总产值超过50%，与市民生活密切相关的大宗农产品覆盖率达到100%，全年赔款共计2.67亿元，受益农户超过2 000余户次。三是支持互联网新经济发展。推动保险业积极参与互联网金融产业变革，以众安在线保险公司为试点探索互联网保险发展新模式。2014年，众安保险为2.05亿客户10.7亿笔网上交易提供保险服务。其中众乐宝和参聚宝两款保险产品累计释放淘宝中小卖家保证金200亿元，极大地缓解了中小商家资金压力。

保险业对外开放处于较高水平。根据加入世贸组织承诺，保险业过渡期只有三年，比其他金融行业提前两年对外开放。2004年12月11日过渡期结束后，保险业基本对外开放，随后与中国香港、中国台湾签署了合作协议，2012年又放开了交强险，现在除了人身险公司外方股东持股不超过50%之外，其余都放开了。目前世界上主要的跨国保险金融机构，发达的保险公司都进入我国，共设立外资保险机构63家，占比33.69%。上海市外资保险机构占比更高，目前全市外资保险总公司27家 ，占比52.94%。

4. 外汇管理

2014年，外汇管理工作取得新进展。一是支持中国（上海）自由贸易试验区建设。发布《关于支持中国（上海）自由贸易试验区建设外汇管理实施细则的通知》，在试验区指导银行按照“展业三原则”办理经常项目外汇业务，对试验区内外资企业实施资本金结汇负面清单管理，开展大宗商品衍生品银行柜台交易项下结售汇管理创新措施，支持区内企业开展跨国公司总部外汇资金集中运营管理试点，对部分资本项目取消行政审批，对保留事前审批的事项大幅简化流程。

二是深化改革，不断促进贸易投资便利化。推进跨国公司外汇资金集中运营管理业务，探索建立主体监管模式。推进第三方支付机构外汇支付试点，落实人民币与外汇衍生品新政策。促进货币经纪公司开展人民币外汇期权经纪业务试点。拓展个人本外币兑换特许业务试点。

（二）金融市场的金融创新和对外开放

1. 货币市场

完善市场基准和机制建设，协调推进利率市场化改革。2014年8月1日起，Shibor发布时间由上午11：30调整为上午9：30。同时，调整Shibor报价期限品种，简化为各报价行每个交易日仅对隔夜、1周、2周、1个月、3个月、6个月、9个月和1年八个品种进行报价。此举有助于进一步发挥Shibor对市场利率的引导作用，促进货币市场平稳运行，健全市场化利率形成和传导机制，为有序推进利率市场化改革创造有利条件。推动贷款基础利率LPR应用扩大，2014年LPR已经发生了6次调整，基本反映了信贷市场的变化情况。LPR应用明显扩大，各行发放以LPR为基准的信贷业务累计超过2万亿元，推动了贷款定价基准的市场决定过程。

有序扩大同业存单发行和交易。2014年，发布同业存单发行交易规程，升级同业存单发行系统，增加利率招标等功能。支持众多银行类机构发行同业存单，累计89家机构发行同业存单973期、9 688亿元。同业存单成为部分银行的常规流动性管理工具，基本实现了定期滚动发行，银行主动负债的市场化定价能力不断增强。同业存单交易逐步活跃。组织同业存单二级市场累计交易2 539笔、4 113亿元。同业存单市场已逐步成为金融机构进行货币市场融资的重要渠道和资产配置的有效途径。

2. 债券市场

银行间债券市场投资者结构进一步丰富。理财产品和部分合格机构投资者重启入市。2月13日，中国人民银行发布《关于商业银行理财产品进入银行间债券市场有关事项的通知》，对理财产品进入银行间债券市场进行规范。11月28日，中国人民银行金融市场司发布《关于做好部分合格机构投资者进入银行间债券市场有关工作的通知》，明确农村金融机构和四类非法人投资者进入银行间债券市场开立账户进行交易，进一步丰富了债券市场投资者结构。银行间债券市场对外开放稳步扩大。截至2014年年底，在“三类机构”框架下获准进入银行间债券市场的境外商业金融机构78家、RQFII 62只、QFII 14只。

银行间债券市场尝试做市业务推出。6月11日，《银行间债券市场尝试做市业务规程》发布，明确规定尝试做市机构的权利和义务。6月25日，中国外汇交易中心公布42家尝试做市机构名单，其中34家为综合尝试做市商，8家为专项尝试做市商。此举对提高银行间债券市场流动性具有积极作用。

上海证券交易所债券市场推出了多项创新产品，债券交易品种日益多元化。完成了首只国开行政策性金融债的发行试点、首单平安银行信贷资产支持证券的上市交易、宝钢集团公开发行可交换债券，推出了并购重组私募债券和证券公司短期公司债的试点，债券市场产品体系进一步丰富和完善，债券市场活力增加。

3. 股票市场

“沪港通”启动。2014年11月17日，“沪港通”业务正式启动，推动资本市场双向开放迈出重要一步。“沪港通”从筹备到实施，成为我国深化改革和对外开放的标志性事件之一。在我国资本项目尚未完全实现可兑换的情况下，开创了操作便利、风险可控的跨境证券投资新模式，是我国资本市场新一轮双向开放的升级版，有利于推动人民币国际化进程，提升了上海和香港国际金融中心地位。

股票期权获批。2014年9月，国务院正式批复在上海证券交易所率先开展股票期权业务试点。股票期权对进一步完善资本市场功能具有重要意义和实践价值，有利于进一步发掘蓝筹股价值，吸引市场长期资金，提振市场信心，推动行业创新发展。

基金产品线进一步丰富。推出创新封闭式基金，配合国企混合所有制改革。发展货币ETF、债券ETF和实时申赎货币基金等固定收益类产品，新增10只跨市场行业ETF和2只跨境ETF产品上市。

吸引优质公司上市。启动中小企业培育万家工程，强化与“新三板”、国家级重点高新区的合作，加大对中小型企业、新兴产业企业的服务力度。全年通过走访、举办培训会、并购对接等形式，向近3 000家拟上市企业提供了资本市场融资配套服务，完成各类企业培训162期、2.1万人次；共有43家企业在上交所IPO，募集资金342.18亿元。

促进上市公司转型升级。抓住国有企业混合所有制改革全面启动、市场化并购重组深入推进的有利时机，推动上海证券交易所上市公司通过再融资、并购重组等方式做大做强，利用资本市场实现转型升级。全年共有153家上市公司实现股权再融资2 819.40亿元，54家上市公司完成公司债融资951亿元；169家上市公司进入重大资产重组程序，涉及交易金额1 317.01亿元；39家公司完成重组，合计增加市值1 931.62亿元；新增市值超过百亿元的公司有7家。推动市值管理，发布上市公司实施员工持股计划指引并推动多家上市公司实施。

丰富蓝筹股市场工具。发布《优先股业务试点管理办法》，率先启动优先股试点工作。农业银行、中国银行完成优先股发行。引导上市公司通过现金分红回报投资者，优化投资者回报机制，提升蓝筹股市场吸引力。全年，共有674家沪市上市公司提出2013年度派现方案，占上市公司总数的70%，合计分配现金红利6 707亿元，派现金额占归属于上市公司股东净利润总额的35%，分红公司家数及分红总额创历史新高。

4. 外汇市场

扩大国际主流货币和新兴市场货币挂牌。中国外汇交易中心分别于3月、6月、9月、10月和12月推出人民币对新西兰元、英镑、欧元、新加坡元直接交易和人民币对坚戈银行间市场区域交易，根据做市商或报价商报价分别形成上述货币对汇率中间价或参考价。至此，银行间人民币外汇市场交易货币对增至13对，覆盖国际主流货币和新兴市场货币。直接交易推出以来，市场报价和交易活跃度上升。截至2014年年末，人民币直接交易货币成交突破1.2万亿元，对增进市场流动性、降低零售端汇兑成本起到积极作用，有助于促进中国对相关国家和地区双边贸易投资，便利人民币跨境使用。

行业自律不断完善。7月，中国外汇交易中心组织银行间外汇市场做市商制定了《银行间外汇市场职业操守和市场惯例指引》和《银行间外汇市场职业操守和市场惯例专业委员会工作章程》，进一步推进银行间外汇市场诚信、公平、有序发展。

5. 黄金市场

2014年，工商银行等28家商业银行在交易所平台开展黄金租借业务，借出黄金量共计1 936.41吨，同比上升75.54%。黄金租借市场的稳步发展，推动了黄金租借业务衍生而来的黄金远期、期权等套期保值工具的快速发展，丰富了黄金市场产品体系。黄金租借利率与国内货币市场利率走势、人民币汇率波动、租赁对手信用状况、租赁市场供求状况等相关性越来越强，有效促进了黄金市场与其他金融子市场协调发展。

在创新产品方面，完成Au（T+N）合约改造，合约上线后交易较活跃，日均成交21吨，市场反应良好；推出白银即期询价品种，为白银上下游产业客户提供更多的交易渠道。开展黄金权证、黄金报价产品、黄金集中定价产品及互联网开户等创新业务的各项准备工作。

市场投资主体多元化。证券公司已成功入市，并开展交易；保险资金、社保基金、基金公司、信托公司、资产管理公司等机构投资者入市取得进展。截至2014年年末，交易所国内会员173家，国际会员40家。个人客户733万户，同比增长66.88%；机构客户8 358户，同比增长23.17%。

交易所国际板启动。2014年9月18日，交易所国际板正式启动，实现了黄金市场参与主体国际化、交易资金国际化、黄金定价国际化和交割储运国际化，标志着中国黄金市场进一步对外开放。国际板发展势头总体良好，市场功能初步显现。一是交易路径通畅，交易规模逐步上升。国际板运行69个交易日，累计成交190.55吨，交易金额为454.53亿元。二是通关效率高，正成为黄金进口和转口的新渠道。15.95吨黄金向海关申办入境手续存入国际板指定仓库，入境通道基本顺畅，入库登记顺利。三是结算业务运行正常，跨境资金划付顺利。国际会员在7家结算行开立58个FT账户，净额清算资金为43.15亿元人民币。四是租借平台搭建完成，相关系统测试完毕，会员宣传推广有序推进。按照规定，国内外会员均可通过合规机构对在交易所托管的黄金、铂金、白银等实物开展租借业务。

专栏2–2　上海黄金交易所国际板正式推出

上海黄金交易所国际板于2014年9月18日正式上线运行。从运行情况来看，国际板市场总体运行平稳，成交规模逐步增长，实物进口渠道畅通，资金清算和跨境划转高效有序，会员入市积极性较高，市场功能初步显现。

一、国际板运行基本情况

（一）市场交易情况

从上海黄金交易所国际板交易情况看，2014年，15家国际会员参与交易，34家国内会员参与了国际板合约的交易。2014年，国际板共运行69个交易日，累计成交190.55吨，累计成交金额为454.53亿元。其中，国际板黄金合约累计成交156.29吨，累计成交金额为372.47亿元；国际会员参与主板黄金合约交易累计成交34.26吨，交易金额为82.06亿元。9月至12月的日均成交量稳步增长，12月的日均成交量达到5 749.39千克。

（二）资金清算情况

目前，上海黄金交易所已指定工商银行、农业银行等7家商业银行作为国际板指定结算银行，并按照资金封闭运行的原则开展国际板资金结算业务。2014年，国际板净额清算资金43.15亿元人民币，总体上，国际板FT账户体系资金清算路径通畅，资金清算和跨境划转高效便捷。

（三）实物交割情况

2014年，上海黄金交易所在上海自贸区注册成立上海国际黄金交易中心有限公司，专门设立了具有黄金保税交割功能的千吨级国际板指定仓库，为进口黄金和转口黄金提供一系列的交割、仓储保管、清关、物流等配套服务。通过国际板渠道，黄金进口入境通道顺畅，通关效率有所提高，出入库较为便捷。截至2014年年末，共有15.95吨黄金通过海关，存入国际板指定仓库。其中，办理黄金进口14.54吨。

（四）国际会员发展情况

国际板首批批准40家国际会员，其中外资会员24家、中资会员16家。截至2014年年末，共有30家会员完成入会手续，其余机构尚在入会程序办理过程中，并将陆续进入

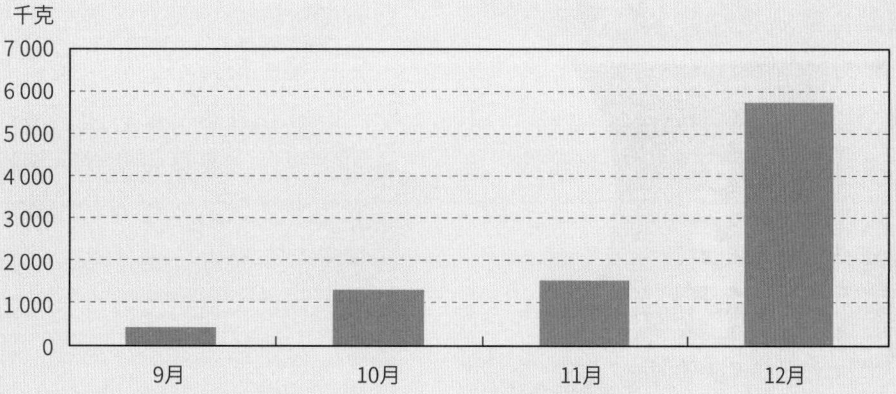

数据来源：上海黄金交易所。

图2–9　国际板日均成交量

市场。

二、国际板交易产品及交易制度

（一）交易产品

上海黄金交易所国际板新挂牌上市3个黄金现货实盘合约，合约代码分别为iAu100、iAu99.99、iAu99.5。iAu100合约交易单位为100克/手，交割标准为标准重量100克，成色不低于99.99%的金锭；iAu99.99合约交易单位为1千克/手，交割标准为标准重量1千克，成色不低于99.99%的金锭；iAu99.5合约交易单位为12.5千克/手，交割标准为标准重量为12.5千克、成色不低于99.5%的金锭。

（二）交易制度

上海黄金交易所按照“交易双向放开，资金封闭运行，实物分区交割”的原则推进国际板建设，在增强国际投资者参与交易便利性的同时，又采取有效措施防范国际市场对国内市场的冲击，隔离市场风险。交易所在规则设计上进行了大量研究和探索，在会员管理、资金清算、实物交割、风险管理和技术系统等方面都有开创性的举措。

一是建立会员分类管理制度，通过发展国际会员引入国际投资者参与交易。上海黄金交易所在现有会员基础上，调整会员结构，增加了国际会员类别，建立并完善了会员分类管理制度。同时，按照严格审慎的市场准入制度，有条件、有计划地引进国际会员，并通过国际会员逐步引入合格的国际投资者参与交易。

二是建立封闭运行的清算体系，集中管理跨境资金业务，隔离市场风险。上海黄金交易所在自贸区设立国际板交易中心，集中管理跨境资金业务。子公司以自由贸易账户为基础，建立封闭运行的资金清算体系，并按照“从哪里来、回哪里去”的原则对跨境资金进行管理，隔离国际市场对国内市场的负面影响，确保国内市场平稳运行。

三是建立国际板指定交割仓库，按照分区交割原则隔离黄金实物。在现行黄金进口管理的制度框架下，上海黄金交易所在自贸区内建立国际板指定交割仓库，为国际投资机构提供标准实物黄金的出入库、存管和交割服务。同时，按照分区交割原则制定相关制度，限制黄金交叉出入库，防范利用黄金交易进行资金转移的行为。

四是建立集中托管模式的国际交易系统，加强对国际会员的集中管理。上海黄金交易所设计开发了全新的国际交易系统，该系统集上海黄金交易所管理、会员管理、客户管理等功能于一体，直接接入交易所核心系统，可为会员提供客户管理、交易接入、清算等服务。这一模式加快了国际板推进速度，同时加强了交易所对国际会员的集中管理。

三、上海黄金交易所推出国际板的意义

黄金市场是金融市场的重要组成部分。上海黄金交易所设立国际板，标志着我国黄金市场对外开放迈出实质性一步，对于推动我国金融市场对外开放和上海国际金融中心建设等方面具有重要意义。首先，有利于形成有国际影响力的“上海金”人民币黄金定价机制和实物交割标准。促使上海黄金交易所产品及规则标准逐步向全球推广并被广泛认可，提升上海黄金交易所核心竞争力和国际影响力。其次，有利于提高中国黄金市场的容量和集聚性，更好地实现黄金市场的价格发现功能，进一步提升金融市场效率，完善中国金融市场体系。再次，有利于推进上海国际金融中心建设，促进上海自贸区和上海国际金融中心的联动发展，丰富上海国际金融中心建设的内涵。最后，有利于实施国家“藏金于民”战略，增强国家的黄金储备管理能力，助推人民币国际化，维护国家经济金融安全。

6. 商品期货市场

拓展商品期货市场功能，提升市场效率。增加天胶、石油沥青、螺纹钢、热轧卷板四个连续交易品种；完善交易机制，适当调整持仓限额和套保审批要求，推进套期保值电子化管理系统优化，降低市场交易成本；做精做细现有品种，推进自动识别技术在有色金属交割仓库和注册生产企业中试点应用；拓展市场服务的广度和深度，建立市场服务中心。

推进商品交易所国际化建设。基本完成原油期货的上市准备；推出热轧卷板期货；推进镍、锡期货以及有色金属指数期货、黄金期货期权和铜期货期权的上市准备；与东京商品交易所签署《天然橡胶每周库存数据许可使用协议》，举办“第十一届上海衍生品市场论坛”、“第三届亚洲铜业周”、“第二届国际清算研讨会”、“中国黄金国际大会”等国际会议；根据《金融市场基础设施原则》，完成内部评估并做好接受外部评估的准备。

7. 金融期货市场

按照“服务现货、降低成本、提高效率、发挥功能”的原则，对沪深300股指期货和5年期国债期货交易保证金、持仓限额、交易指令等业务规则进行优化，进一步完善套保套利管理。10月17日引入单向大边保证金制度，提升资金使用效率，降低市场运行成本。12月26日宣布从2015年1月1日起，在国债期货产品开展国债作为期货保证金业务试点，进一步提升期货市场的运行效率和竞争力，同时拓展国债的使用范围，盘活存量国债，提高国债二级市场流动性。

全面推进金融期货新产品、新业务的筹备。一是10年期、3年期国债期货获批立项，上报10年期国债期货上市申请。推进其他关键年限国债期货、短期利率期货产品研发，开展国债期货大宗交易业务准备。二是上报上证50、中证500股指期货上市申请，加快指数类产品线规划，开展波动率指数期货、中小板和创业板指数期货等后续产品研究论证。三是完成欧元兑美元、澳元兑美元交叉汇率期货产品立项，并开展全市场仿真交易；研究利用上海自贸区金融创新政策和人民币国际化战略，探索推进面向上海自贸区推出人民币外汇期货相关工作。四是进一步深化沪深300股指期权上市准备，优化产品制度设计，加快推动交易所与会员的技术系统开发，推进做市商业务准备与组合保证金制度实施。基于期权仿真交易行情编制并发布中国波动率指数（CVX），优化编制方法、提高发布频率。

稳步推进金融期货市场对外开放。一是论证研究不同的国际化业务方案与对外开放模式，探索与境外交易所互联互通跨境业务以及结合上海自贸区相关政策扩大开放的可能性。二是持续推动QFII/RQFII参与境内股指期货的入市工作，优化金融期货市场的投资者结构以及外资参与境内市场的制度规则。三是与加拿大多蒙交易所集团、巴西交易所、韩国交易所、迪拜黄金与商品交易所签署合作备忘录（MOU），中金所与境外交易所建立的长期战略友好合作关系达到11对。

8. 金融衍生品市场

利率衍生品电子化交易、标准化产品和集中清算取得进展。2014年2月，中国外汇交易中心推出了基于双边授信的电子化撮合交易平台X-Swap，这是利率衍生品市场的又一项市场机制创新，此前利率衍生品主要采用双边授信、人工询价的方式进行交易。2月21日，中国人民银行发布《中国人民银行关于建立场外金融衍生产品集中清算机制及开展人民币利率互换集中清算业务有关事宜的通知》，标志着我国场外金融衍生品集中清算机制正式建立。11月3日，外汇交易中心上线标准利率衍生品，对利率互换、远期利率协议等利率衍生品的到期日、期限等产品要素进行了标准化设置，首批推出1个月标准隔夜指数互换、3个月标准Shibor1W利率互换、3个月标准7天回购利率互换和3个月标准Shibor3M远期利率协议，覆盖已有利率互换主要品种的标的FR007、Shibor O/N和Shibor 3M。

外汇衍生品交易便利进一步推进。中国外汇交易中心从2014年1月起在外汇交易系统中增加人民币外汇货币掉期“生效日不实际交换本金、到期日实际交换本金”的本金交换形式。至此，主要基础类型的本金交换形式均已在银行间人民币外汇货币掉期业务实现。从2014年8月起，零售外汇期权管理放开。银行在普通欧式期权和实需交易前提下，可对客户开展买入或者卖出以及组合等多样化期权业务，改变了此前客户只能从银行单向买入期权的局限，客户获得了双向和多样化的衍生品交易方式，汇率风险管理工具丰富。

外汇市场管理简政放权深入推进。在制度规范层面，从8月起，实施《银行办理结售汇业务管理办法》，对即期结售汇业务和外汇衍生品业务分类制定管理规范，降低市场准入条件，转变银行头寸管理方式，取消部分行政许可和资格要求，实现以事前审批为重向以事后监管为重的转变。简化市场准入管理，赋予市场主体更大的自主权和激发其主观能动性，推动外汇管理职能转变。

此外，中国外汇交易中心继续推动银行间市场标准建设，实现国际标准实质参与制定的突破。发布了银行间市场第三项金融行业标准《银行间市场数据接口》，履行银行间市场技术标准工作组长单位职责，向国际标准化组织提交“外汇交易后确认”与“外汇交易获取”两项业务请求说明书，实现中国银行间市场实质参与国际标准修订工作零的突破。

五、政策支持与金融监管

（一）政策支持

1. 有序推进上海自贸区金融创新制度

自由贸易账户、扩大人民币跨境使用和深化外汇管理改革等试点稳步实施。通过分账核算系统验收的10家银行共开立9 741个自由贸易账户；上海自贸区跨境人民币结算总额3 226亿元，其中，跨境人民币境外借款业务累计金额197.28亿元，跨境双向人民币资金池业务收支总额783亿元。

2. 促进资本市场健康发展

2014年9月，上海市人民政府发布《关于本市进一步促进资本市场健康发展的实施意见》，共六大部分33条，围绕提升上海资本市场开放水平、增强上海多层次资本市场的服务功能、支持证券期货服务机构增强核心竞争力、发挥资本市场资源配置功能、营造良好的资本市场发展环境等主题提出措施，力争将上海建成“资本市场对外开放度最高、上市公司运作最规范、社会信用体系最健全”的地区。

3. 加快发展现代保险服务业

2014年11月，上海市人民政府出台《本市贯彻〈国务院关于加快发展现代保险服务业的若干意见〉的实施意见》，首次明确提出上海到2020年要建成国际保险中心，保险深度达到6%，保险密度达到7 300元/人。该《实施意见》分七大部分28条，明确了33条重点工作，围绕打造上海自贸区国际保险创新平台促开放、建设国际金融中心和国际航运中心促发展、完善多层次社会保障体系惠民生、加强特大城市治理防风险、服务经济提质增效升级促转型等主题，提出具体措施和支持政策，营造良好环境，推进上海保险业改革开放和制度创新。

4. 促进互联网金融产业发展

2014年8月，上海市政府印发《关于促进本市互联网金融产业健康发展的若干意见》。共五大部分20条。政策支持措施如鼓励有条件的企业发展互联网金融业务，加大对互联网金融企业的支持培育力度，拓宽互联网金融企业融资渠道，支持持牌金融机构向互联网金融领域拓展转型等，力争把上海市建成互联网金融发展的高地，进一步提升上海国际金融中心的影响力、辐射力、创新力和资源配置能力。

（二）金融监管

2014年，加快银行业创新转型，推进监管方式优化。新设“自贸区银行业务监管处”和“银行业消费者权益保护处”，完善功能监管；调整设立“财富管理业务监测小组”和“银行资管产品监测小组”，增强对新兴金融领域的创新与风险情况监测；指导银行公会牵头建立由业内专家组成的“上海银行业改革发展咨询小组”，增强监管与行业自律的有机结合。全方位开展以技术创新为重点的监管方式优化，市场准入以简政放权为突破口。落实上海地区银团贷款业务发展指导意见，合理分散大额信用风险。全年银团贷款签约2 308亿元，较上年增长9.4%。

持续完善动产质押信息平台，规避大宗商品贸易虚假仓单、重复质押等风险。截至2014年年末，钢贸风险基本化解完毕，总体不良率低于全国平均水平。引导和支持银行业机构加快“两个转变”：业务模式从传统信贷业务向交易类、贸易融资、财富管理等新兴业务转变，经营网点从业务处理型向营销服务体验型转变，加快提升银行业服务实体经济的能力。

落实证券监管转型，提高监管效率。将维护中小投资者合法权益贯穿始终，强化投资者适当性制度。进一步加强稽查执法力度，完善资产管理业务监管协作机制。支持证券公司和期货公司在境内外发行上市、并购重组，开展股权和债权等多种方式融资，增强机构资本实力。鼓励证券期货经营机构依法自主开展满足实体经济和客户需求的产品与业务创新，提升服务质量和经营效益。开展包容性监管，鼓励公司治理发挥作用，在现行法规框架下，探索建立合规容错机制。探索底线监管原则，对尚无具体规则的新业务、新模式，明确若干底线，适时通报和警示风险，引导做好风险计量和监控。

加强保险监管体系和能力建设，提升防范系统性、区域性风险能力。加强市场行为监管，有效打击了车险和银保手续费持续攀高、市场无序竞争的突出问题。围绕中介市场清理整顿、非法集资司法案件风险、突发舆情风险以及消费者权益保护、人身险客户信息真实性、农业保险等，开展现场检查，对违规违法问题进行从严从紧惩罚。加大力度治理车险理赔难、寿险销售误导，维护消费者权益，出台国内首个以“车险理赔服务”为对象的地方标准。扩大保险纠纷解决渠道。创新制定险种分类标准，建立标准规范的费用分类体系。建立功能监管和机构监管相统一的分类监管模式。

完善外汇管理日常监管，严厉打击涉汇违法违规行为。加强银行外汇收支与结售汇业务监管和经常项目日常外汇管理。完善跨境资本流动监测和管理，稳步推进QDLP试点。健全跨境资金流动监测分析机制。开展转口贸易、资本项目结汇等专项检查。严格执法，继续严打地下钱庄等外汇违法犯罪行为。对转口贸易、资本金结汇、外债结汇等重点领域开展非现场检查。

专栏2–3 促进跨国公司投资贸易便利化

2014年，随着上海国际金融中心建设的有序推进，上海发展总部经济的条件进一步改善，其对跨国公司地区总部入驻上海的吸引力大幅提升，跨国公司对集团资金运作的便利性需求逐渐显现。为切实服务实体经济，促进跨国公司投资贸易便利化，支持产业结构转型升级，探索投融资汇兑便利，根据《国家外汇管理局关于印发〈跨国公司外汇资金集中运营管理规定（试行）〉的通知》（汇发[2014]23号）的相关规定，外汇管理部门按照充分利用国际、国内两个市场、统筹资金使用、高效配置资源、有效防范风险的原则，进一步创新和深化跨国公司外汇资金集中运营管理改革试点。当前，试点企业通过开展跨国公司外汇资金集中运营管理相关业务，建立国内、国际外汇资金主账户，分别集中管理境内、境外成员单位外汇资金，集团资金运作便利化程度大大提高，降低了企业整体结算及汇兑成本，取得了良好的经济效益和社会效益。

一是创新跨国公司账户体系。开展试点业务后，试点企业可同时或单独开立国内、国际外汇资金主账户，集中管理境内外成员企业外汇资金。国际外汇资金主账户与境外划转自由，无额度控制，国内、国际两个账户资金有限融通，可在规定的外债和对外放款资金额度内划转，为境内外成员融通资金提供便利。截至2014年年末，上海市共有79家企业备案开展跨国公司外汇资金集中运营管理业务，其中，上海自贸区区内企业57家，区外企业22家。79家试点企业共开立国际外汇资金主账户32个，国内外汇资金主账户114个。

二是便利跨国公司集团资金集中运用。跨国公司需要开展大量跨境收付汇业务，若由成员企业各自操作，由于收付时间和对手方不同，会导致资金成本高、效率低下。试点企业通过开展经常项下集中收付汇和轧差净额结算业务，大大降低了跨境实际交易量，节省了交易费用。

三是统筹使用外债、对外放款额度。开展试点业务后，跨国公司可以集中管理使用成员企业全部或部分外债和对外放款额度，根据需求对境内外闲置资金进行调拨，便利企业内部调剂余缺，满足跨国公司全球的资金安排和集中管理的需求，降低企业财务成本和资金管理成本。

四是资本金、外债结汇采取负面清单管理。跨国公司集中运营管理外债资金和外商直接投资项下外汇资金，可以在境内成员企业之间调剂使用，并按照意愿方式办理结汇。其中外商直接投资项下外汇资金包括外汇资本金、资产变现账户资金和境内再投资账户资金。资本金和外债资金可先结汇进入企业开立的人民币专用存款账户，审核真实性后对外支付。

目前，跨国公司试点业务取得明显成效，通过跨境资金池和集中收付汇、轧差净额结算的联动效应，极大地便利了跨国公司投资贸易便利化。下一步，外汇管理部门将及时总结辖区跨国公司总部外汇资金集中运营管理试点政策实施效果，积极研究进一步促进跨境投资和贸易便利化的政策措施，支持总部经济发展，更好地服务于上海国际金融中心建设。

六、国际金融中心建设推进情况

2014年，上海以改革创新精神为统领，加强自贸区建设与国际金融中心建设联动，上海国际金融中心建设步伐进一步加快。上海在推进多层次金融市场体系建设、吸引各类金融机构集聚发展、服务金融国资国企改革、提升金融服务实体经济水平、优化金融发展环境、防范金融风险等方面取得了积极进展。

（一）自贸区金融开放创新取得积极进展

一是自贸区金融开放创新各项政策逐步落地实施。在2013年国家金融管理部门出台51项金融支持自贸区建设的政策措施和意见的基础上，2014年，人民银行、银监会、保监会分别出台了“自贸区分账核算细则”等

13项实施细则。同时，相关部门及时梳理总结自贸区金融创新成果，在2014年分三批推出共计27个金融创新案例，涉及自由贸易账户融资创新、存款利率市场化创新、支付结算创新、企业资金管理创新、对外直接投资创新等多个方面，并举行发布会进行宣传推介，让更多的金融机构和企业了解和运用这些金融创新成果。

专栏2-4 对标国际化、市场化和法治化，推动上海自贸区金融改革开放创新

2014年，人民银行上海总部认真落实中央对上海自贸区建设的总体要求，对标全球最新贸易投资新规则，推动建设具有国际水准的投资贸易便利、货币兑换自由、监管高效便捷、法制环境规范的自由贸易试验区。积极发挥自贸区的“试验田”作用，在严守不发生系统性金融风险底线的前提下，推动各项金融改革任务在自贸区落地。以服务实体经济为出发点和落脚点，提出了自贸区金融改革的政策框架，先后发布扩大人民币跨境使用、支付机构跨境人民币支付业务、反洗钱和反恐怖融资、放开小额外币存款利率上限、外汇管理、分账核算业务、分账核算风险审慎管理、分账核算境外融资八项实施细则，并正式启动自由贸易账户业务。

当前，自贸区一批创新性金融制度相继建立，金融服务功能显著增强，底线风险控制严格，金融改革进展顺利，得到了党中央、国务院和社会各界的广泛认可。

一、建立自由贸易账户分账核算管理体系

根据“央行30条意见”，人民银行上海总部发布了《中国（上海）自由贸易试验区分账核算业务实施细则（试行）》、《中国（上海）自由贸易试验区分账核算业务风险审慎管理细则（试行）》，并于2014年6月18日正式启动自贸区自由贸易账户业务。截至2014年年底，已有中国银行、工商银行、建设银行、农业银行、交通银行、浦发银行、招商银行、上海银行、民生银行、中信银行10家银行通过风险审慎管理专业评估和系统验收，接入自由贸易账户监测管理信息系统，按照“标识分设、分账核算、独立出表、专项报告、自求平衡”的规则建立自贸区分账核算单元，为区内经济主体提供自由贸易账户金融服务。10家银行共开立自由贸易账户9 741个。其中，区内机构账户（FTE）9 083个，境外机构账户（FTN）496个，金融同业账户（FTU）59个，区内个人账户（FTI）95个，境外个人账户（FTF）8个。账户存款余额共计人民币126亿元。此外，包括证券公司、财务公司和金融交易平台在内的各类金融机构也将建立分账核算单元，向自贸区提供金融服务。

二、启动自贸区分账核算业务境外融资试点

为进一步促进自贸区贸易投资便利化，提升金融服务试验区实体经济跨境发展的能力，防范自贸区境外融资风险，根据“央行30条意见”，人民银行上海总部制定了《中国（上海）自由贸易试验区分账核算业务境外融资与跨境资金流动宏观审慎管理实施细则（试行）》，于2015年2月12日将实施细则对外发布并正式启动自贸区分账核算业务

境外融资试点。该《实施细则》明确了自贸区企业和金融机构在境外融入资金的规模、用途以及相应的风险管理办法。企业和金融机构可以自主地开展境外融资活动，自主计算境外融资的规模，自主权衡境外融资的结构，扩大了经济主体从境外融资的规模与渠道。通过本外币一体化的业务规则和宏观审慎的管理方式，在上海率先探索和建立了资本账户可兑换的路径和监管模式。

三、自贸区跨境人民币创新业务稳步发展

2014年2月人民银行上海总部发布《关于支持中国（上海）自由贸易试验区扩大人民币跨境使用的通知》。目前，扩大人民币跨境使用政策在自贸区内开展良好，各项政策措施受到了实体经济的广泛欢迎，区内经常和直接投资项下跨境人民币结算业务流程得到进一步简化，境外人民币借款、跨境人民币双向资金池和经常项下人民币集中收付等创新业务稳步发展。截至2014年12月底，自贸区累计发生人民币境外借款197.28亿元，跨境人民币双向资金池业务收支总额783.00亿元，经常项下人民币集中收付业务收支总额41.64亿元，跨境电子商务人民币结算12.74亿元。区内跨境人民币结算总额3 226亿元，同比增长2.5倍，区内结算量占全市比例为18.4%。

四、建设面向国际的金融市场交易平台

上海黄金交易所等金融机构相继在自贸区设立国际交易平台。上海黄金交易所国际板于2014年9月18日正式上线运行，引入首批40家境外会员，黄金市场对外开放进入新阶段。中国外汇交易中心“国际金融资产交易平台”已经上线，并将逐步拓展报价和交易等服务功能。上海国际能源交易中心正式挂牌成立，原油期货已经获得批准。

专栏2-5　持续推动贸易投资便利化，创新扩大人民币跨境使用

——2014年上海市跨境人民币发展情况

2014年以来，中国人民银行从金融服务实体经济的大局出发，继续不断完善跨境人民币业务相关政策，扎实推进人民币跨境结算业务增长，稳步拓展人民币跨境金融交易渠道，逐步优化人民币跨境清算网络，积极支持离岸人民币业务向纵深发展，有力地推进了贸易和投资自由化、便利化。

一、跨境人民币业务相关政策不断完善

（一）进一步扩大人民币跨境使用

2014年6月，中国人民银行发布《关于贯彻落实〈国务院办公厅关于支持外贸稳定增长的若干意见〉的指导意见》（银发[2014]168号），进一步简化企业跨境贸易和投资人民币结算业务流程，在全国范围内开展个人跨境货物贸易和服务贸易人民币结算业务、跨国企业集团跨境人民币资金池和经常项下集中收付业务，支持银行与第三方支付机构合作开展跨境人民币业务，积极支持外贸稳定增长和进出口结构调整。

（二）允许境外机构境内发行人民币债务融资工具

2014年9月，中国人民银行发布《关于境外机构在境内发行人民币债务融资工具跨境人民币结算有关事宜的通知》（银办发[2014]221号），明确了境外机构在境内银行间债券市场发行熊猫债的跨境人民币结算管理。

（三）人民币合格境内机构投资者业务开闸

2014年11月，中国人民银行发布《关于人民币合格境内机构投资者境外证券投资有关事项的通知》（银发[2014]331号），正式开闸人民币合格境内机构投资者（RDQII）业务，进一步支持境外人民币产品创新，支持人民币输出，提升人民币国际化水平。

（四）人民币合格境外机构投资者试点有序推进

2014年，人民币合格境外机构投资者(RQFII)试点地区继续扩大，扩展到10个境外国家和地区，总批准额度8 700亿元。RQFII试点拓宽了境外人民币投资中资金运用渠道，在推动人民币跨境使用、扩大中国资本市场开放等方面发挥了积极的作用。

（五）“沪港通”加速人民币国际化

2014年，人民银行与证监会联合推出“沪港通”，允许沪港两地投资者通过当地证券公司买卖对方交易所上市的股票，并以人民币结算。“沪港通”开闸，加强了沪港两地资本市场的联系，成为人民币国际化进程中的重要催化剂，也有助于加快实现人民币资本项目可兑换。

（六）人民币离岸市场平稳健康发展

2014 年，人民币离岸市场呈现出以香港为主、新加坡、伦敦、法兰克福等多点并行发展的良好局面。截至2014 年年末，中国人民银行已在14 个国家和地区建立人民币清算安排，覆盖东南亚、西欧、中东、北美、大洋洲等地，支持人民币成为区域计价、结算及投融资货币。

二、上海地区跨境人民币业务稳步发展

（一）上海地区跨境人民币结算业务继续稳步增长

2014年全年，上海地区跨境人民币累计结算金额为17 540亿元，同比增长92%，居全国首位，占同期全市国际收支的26%，较2013年上升近9个百分点。其中，经常项下人民币结算金额10 151亿元，同比增长57%，货物贸易跨境人民币结算量占同期海关进出口总额近20%，较2013年提高5个百分点；资本和金融项下人民币结算金额7 388亿元，同比增长174%。

试点开始至2014年年末，与上海市企业发生人民币实际收付业务的境外企业所在国家和地区达170个。截至2014年年底，上海市共有25 248家企业使用人民币办理跨境结算，较上年增加7 719家。

（二）跨境人民币清算网络不断扩大

截至2014年年末，上海市商业银行为境外银行开立人民币同业往来账户1 284个，覆盖100多个国家和地区，为境外机构开立人民币结算账户3 949个，上海跨境人民币结算的服务功能进一步提升，清算网络的覆盖面继续扩大。

专栏2-6 支持开展跨境人民币支付业务，规范发展第三方支付

一、支持跨境人民币支付业务的开展

为积极支持跨境电子商务，扩大人民币跨境使用，规范和促进上海市第三方支付机构跨境人民币业务发展，根据人民银行《关于金融支持中国（上海）自由贸易试验区建设的意见》及其他相关规定，2014年2月，人民银行上海总部制定了《关于上海市支付机构开展跨境人民币支付业务的实施意见》（以下简称《实施意见》）。《实施意见》坚持促进创新与防范风险并重的监管原则，创新性地提出在目标风险可控前提下，实行负面清单管理、事后备案、上海市支付机构无需在自贸区设立实体公司等举措，同时要求支付机构严格建立并落实客户实名制、客户风险评级管理、风险准备金与交易赔付、交易和信息安全管理等制度，做到该管的管住、该放的放开，有效提升和引导支付机构在规范、稳健经营中谋求创新和发展的积极性。截至2014年年底，辖内已有8家机构申请开办了跨境人民币支付业务，累计有6家支付机构与9家境内商户、208家境外商户签订了业务合作协议，共发生跨境人民币支付业务7.39万笔、金额达12.58亿元。

二、规范第三方支付服务市场发展

为促使第三方支付服务市场规范发展，2014年，人民银行上海总部对5家银行卡收单支付机构开展执法检查，并对辖内所有预付卡机构进行以备付金业务为重点的核查。细化上海市贯彻落实客户备付金核对校验机制的具体措施，依托监管系统建设，进行备付金核对校验机制功能开发。对支付机构和备付金银行落实备付金信息核对校验机制的阶段性情况进行梳理与分析，下发通报文件，明确了支付机构和备付金银行下一步的整改要求。顺利推进上海市支付机构监管信息系统建设，实现上海市支付机构监管信息系统（一期）项目上线。

二是各类金融市场平台在自贸区内集聚发展。2013年，上海期货交易所在区内设立了国际能源交易中心，2014年12月，证监会已批准在该交易中心开展原油期货交易。上海黄金交易所国际板于2014年9月18日正式推出。其他金融要素市场也在积极研究利用自贸区优势设立面向国际的金融交易平台或开发面向国际的金融交易业务。

三是各类金融机构在自贸区内集聚发展。截至2014年12月末，自贸区内各类金融机构4 191家，其中，新设“一行三会”牌照金融机构116家，类金融公司722家，金融信息服务公司438家，投资与资产管理公司2 915家，合计超过自贸区新设企业的1/4，有力地提升了上海金融中心的服务功能。

（二）国际金融中心建设步伐进一步加快

一是金融市场改革创新取得重大突破。“沪港通”试点顺利启动。中国外汇交易中心推出人民币对欧元、英镑、新西兰元、新加坡元直接交易。上海清算所推出人民币利率互换集中清算业务。中国保险交易所、全国性信托登记平台等筹建工作取得实质性突

破。上海股权托管交易中心开展私募股权基金份额交易业务。

二是总部型、功能性金融机构集聚发展。金砖国家开发银行落户上海，成为首个总部设在上海的国际多边金融组织。市政府和人民银行签署务实合作备忘录，明确人民币跨境支付系统（CIPS）落户上海。市政府与国开行签署战略合作备忘录，与邮储银行加强合作，积极吸引这些机构的“二总部”落地。此外，证通公司、城银清算公司筹建工作稳步推进。2014年，有40多家功能性金融机构落沪，其中包括中国民生投资股份有限公司、农业银行上海管理总部、太平石化金融租赁公司、太平洋养老产业投资管理公司等。

三是推动民间资本发起设立金融机构。2014年，民营银行试点工作稳步推进，全市首家民营银行——上海华瑞银行获批筹建。首家民营资本作为主发起人的保险公司——上海人寿保险公司获批筹建。

四是切实防范金融风险。完善制度和配套措施，推动大宗商品（钢材）质押融资管理信息平台上线。妥善处置各类风险个案，优化“泛鑫案”后续处置工作流程、做好“11超日债”付息债务违约事件处置、“李卫星案”后续资产处置等工作。加强金融知识的宣传普及，与《新民晚报》合作，邀请金融管理部门、金融市场等方面的领导和专家，连续举办7场“上海金融大讲坛”，向市民和社会普及金融知识，增强防范风险意识。

（三）市属金融国资国企改革取得重要进展

一是搭建国资运营平台，推动市属金融企业纵向整合。按照市委、市政府的总体部署及要求，研究制订了市属金融国资国企改革实施方案，形成了相关操作思路。国际集团率先启动国资运营平台搭建并进入实质性运作，类金融资产实现整体打包协议转让。以太保集团为核心的市属保险资源整合顺利收官，安信农保、长江养老纳入太保集团一体化管理，大众保险实现国有股权退出。国泰君安完成上海证券控股权收购。

二是市属金融企业把握重大机遇加快发展。市属金融企业抢抓机遇，率先参与自贸区建设，多家企业首批入驻自贸区，或在同业中首家成立自贸区分支机构。在与《解放日报》合作组织开展的“金融创新之路”大型主题宣传活动中，宣传市属金融企业加快改革创新的经验与做法。

（四）金融服务经济转型发展的能力不断提升

一是有效满足重大项目建设资金需求。为拓展保障房建设融资渠道，积极争取人民银行和交易商协会支持，推动全市保障房承建企业利用银行间市场定向债务融资工具融资。推动保险资金参与旧区改造，其中太平洋资产管理公司、平安资产管理公司发起设立了总额为600亿元的债权投资计划，为全市旧区改造提供资金支持。同时，积极推进保险资金以股权方式支持旧区改造，解决部分中心城区旧改自有资金不足的问题。

二是加强小微企业金融服务。进一步完善小微企业信贷风险补偿政策，对小微企业信贷工作突出的商业银行业实施奖励。推动金融服务与小微企业融资需求对接，大力推进全市小微企业融资服务平台建设。目前，市、区两级小微企业融资服务平台建设已基本完成，并向街镇、园区、市场、商会、协会等延伸。

三是加强对科技、文化、“三农”和贸易等领域的金融服务。搭建科技金融信息平台，拓展科技企业融资渠道；大力支持浦发硅谷银行开展投贷联动等业务模式创新；支持全市商业银行开展科技特色支行、文化特色支行业务。制定深入推进文化与金融合作的“16条意见”。进一步完善金融服务“三农”的政策支持措施。充分发挥出口信用保险和国内贸易信用保险政策作用，推动贸易发展。

四是互联网金融、私募基金等新兴、新型金融业态健康发展。研究制定促进全市互联网金融产业健康发展的“20条意见”，以市政府文件形式发布，社会反响良好。促进小额贷款公司规范运营，发布《关于进一步促进本市小额贷款公司发展的若干意见》和4个配套监管文件。大型电商在沪设立互联网小贷公司，百度、京汇等互联网小贷公司开业经营，唯品会、春宇供应链等互联网小贷公司获准筹建。

五是各区县根据自身产业特点，发展特色金融。市金融办先后与宝山、静安、普陀、杨浦等区县签订合作备忘录，支持金融资源与区县发展对接，形成各具特色的金融业发展格局。

七、金融消费权益保护工作情况

（一）加强金融消费权益保护已成为国际共识

加强金融消费权益保护，对于规范金融市场秩序、提振公众信心、降低金融交易成本、防范金融风险、促进国际金融中心建设发展，起着至关重要的作用。尤其是2008年国际金融危机后，各国监管当局意识到，忽视金融消费权益保护将会直接破坏金融业赖以发展的基础，威胁金融体系稳定性。加强和完善金融消费权益保护已成为国际金融监管改革的重要共识，金融消费权益保护工作与宏观审慎管理、微观审慎监管共同成为国际金融监管改革的三条主线。

全球主要国家和地区都在积极推进金融消费权益保护工作，多个国家建立了金融消费权益保护法律体系和机制，设立了专门的金融消费权益保护机构，加强金融消费权益保护工作。从各国发展趋势看，金融消费权益保护工作的规范性不断增强，金融消费权益保护部门的独立性不断提高，金融消费权益保护领域的监管工具和手段日趋完善，监管的统一性、系统性、针对性不断增强等特点日益明显。

（二）金融消费权益保护工作成效日益显现

我国也一直非常重视保护金融消费权益，尤其是次贷危机后，更是把金融消费权益保护提到了一个更高的高度。2011年以来，经过批准，人民银行、银监会、证监会、保监会分别成立了金融消费权益保护局、银行业消费者权益保护局、投资者保护局、保险消费者权益保护局四个金融消费者（投资者）保护部门，根据各自职能范围开展金融消费者保护工作。

其中，人民银行金融消费权益保护局直接设在上海，充分利用上海贴近金融市场和产品，贴近消费者的优势，更好地履行保护金融消费权益的职责，支持上海国际金融中心建设。其职责是综合研究我国金融消费权益保护工作的重大问题，会同有关方面拟定金融消费权益保护政策法规草案；会同有关方面研究拟定交叉性金融业务的标准规范；对交叉性金融工具风险进行监测，协调促进金融消费权益保护相关工作；依法开展人民银行职责范围内的金融消费权益保护具体工作。同时，2014年3月，为进一步加强上海地区的金融消费权益保护工作，在人民银行上海总部设立了金融消费权益保护部，金融消费权益保护局与金融消费权益保护部合署办公，形成了以上海为中心、辐射全国的有序运转格局。

中国人民银行金融消费权益保护局成立以来，完善金融消费权益保护工作体制机制，积极推动制度建设，探索出台金融消费权益保护的规范性文件。强化对社会公众的金融消费权益保护意识，深入宣传和普及金融知识，持续开展“金融知识普及月”、“金融消费者权益日”活动，努力提高国民金融素养。加强金融消费权益保护方面的监督管理，开展个人金融信息保护和银行卡领域金融消费权益保护专项检查，并探索开展非现场监督管理，试点环境、机构、产品评估。健全金融消费者咨询投诉受理处理机制，在全国开通“12363金融消费权益保护咨询投诉电话”，初步建立起信息管理平台。积极探索金融消费纠纷非诉解决机制，开展投诉分类标准应用工作。开展普惠金融调研和支持移动金融创新试点，积极参与金融消费权益保护和普惠金融领域的国际交流活动，与世界各国同行交流并分享经验。

（三）上海金融消费权益保护工作开展情况

一是监督检查与评估工作取得积极成效。先后开展了个人金融信息保护专项检查情况、银行卡领域金融消费权益保护专项检查等现场检查工作，通报了相关检查情况，要求金融机构认真整改、规范行为、加强管理、防范风险，增强了金融机构加强消费者保护的责任意识。同时，积极探索开展非现场监督管理，深入开展上海市银行业金融机构金融消费权益保护评估工作。

二是投诉受理处理工作深入开展。自上海市2013年5月率先开通12363金融消费权益保护热线以来，认真受理、处理各类金融消费者投诉工作，成效显著。2014年全年，上海12363电话共接听来电5 776件，其中咨询1 713件，投诉4 063件，来电均得到妥善处理。同时，深入探索金融消费纠纷非诉解决机制，成立上海市金融消费纠纷调解中心，确保金融消费纠纷得到公正、及时、有效地解决。

三是金融消费教育工作效果明显。因地制宜地组织开展上海市2014年“3·15国际消费者权益日”、“金融知识普及月”宣传活动，深入上海新华街道社区、复旦大学等单位开展金融知识进社区、进高校等活动，取得了良好成效。组织编写《金融知识普及读本》，与世界银行合作探索金融教育有效性评估。

四是理论研究与国际交流工作不断加强。2014年6月，人民银行金融消费权益保护局与复旦大学合作中国金融消费权益保护研究中心，持续推动金融消费权益保护领域的基础理论研究。2014年10月，“国际金融消费权益保护组织年会暨金融消费权益保护国际研讨会”在上海成功举办，向各国介绍展示了我国金融消费权益保护工作的进展和成绩。

五是各金融机构逐步将金融消费者保护转化为增强自身竞争力与推动业务可持续发展的内在动力和要求，从制度建设、产品设计、服务优化、投诉受理处理、金融教育等多方面加强金融消费者保护。此外，包括行业自律组织、地方政府、新闻媒体等机构都参与到金融消费权益保护工作来，多层次地开展各种形式的金融消费者权益保护活动，如中欧陆家嘴金融研究院举办“陆家嘴金融消费者保护论坛”并发布2014年度中国金融消费者保护案例。

专栏2-7 建立上海金融消费纠纷调解中心，构建多元化金融纠纷解决机制

近年来，随着金融消费的持续增长与金融产品和服务的日趋复杂化，金融消费纠纷呈增加态势，金融消费者迫切需要成本更为低廉、方式更加快捷的救济途径。特别是2008年次贷危机后，国际上更加重视金融消费者保护，积极寻求高效率、低成本的金融消费纠纷多元化解决机制。世界银行发布的《金融消费者保护的良好经验》明确建议应当为消费者提供一个经济、有效、权威和专业合适并匹配充足资源的独立第三方纠纷解决机制。许多国家和地区也纷纷探索建立金融消费纠纷第三方调解组织，如英国金融督察服务公司、加拿大银行服务与投资督察员、澳大利亚金融督察服务机构、我国香港金融纠纷调解中心、我国台湾金融消费评议中心等。实践表明，这些组织因具备专业性、独立性、中立性等优势，贯彻公平、合理、专业、及时、经济、便捷的金融纠纷处理理念，在解决金融消费纠纷中发挥了重要作用。

为了提高上海市金融消费纠纷的处理效率，助力上海国际金融中心建设，上海市政府在《2014年上海国际金融中心建设重点工作安排的通知》中，要求推动设立第三方金融纠纷调解中心。

在人民银行上海总部、上海市金融服务办公室、上海市社会团体管理局的共同努力和推动下，上海市金融消费纠纷调解中心的筹建工作进展顺利，2014年10月28日，举行了上海市金融消费纠纷调解中心第一次理事会，通过了上海市金融消费纠纷调解中心章程。2014年12月5日，上海市民政局、上海市社会团体管理局对上海市金融消费纠纷调解中心颁发了“登记证”。12月16日上海市金融消费纠纷调解中心举行了成立揭牌仪式。2015年4月13日，举行了调解员聘任仪式，30名来自高校、研究所、律师事务所、监管机关、金融机构的资深法律和金融专家担任调解员。2015年5月上海市金融消费纠纷调解中心开始开展调解事务。

作为独立的第三方金融商事调解机构，上海市金融消费纠纷调解中心拥有一支熟悉金融和法律事务的调解员队伍，为消费者与金融机构之间因购买、使用金融产品或接受金融服务产生的争议提供快捷、高效、经济、灵活的服务，与当事人双方一起制订“案结事了”的纠纷解决方案。

上海市金融消费纠纷调解中心根据当事人在争议发生之前或者在争议发生之后达成的调解约定受理案件，如没有调解约定，经

一方当事人申请，上海市金融消费纠纷调解中心在征得他方当事人同意后也可受理。

上海市金融消费纠纷调解中心秉承中华民族传统以“和”为贵的解决纷争的理念，尊重当事人的意思自治，尊重合同的约定，依照法律法规，参照国际惯例、交易习惯，在各方自愿的基础上，根据公平、合理、保密的原则进行，以促进当事人互谅互让，达成和解。公正、独立、专业地帮助当事人解决在金融消费领域的纠纷。

八、信息服务市场发展情况

（一）全球信息市场发展概况

2014年，全球金融信息市场增长4.07%至264.9亿美元（为自2011年起的最大增幅），主要得益于终端价格的上涨。2014 年依旧是两家争霸的格局，超过全球金融信息市场50%的市场份额被彭博、汤森路透占据，其中，彭博在金融信息市场的份额由2013年的31.71%略微增长到31.99%，汤森路透的市场份额由2013年的26.93%降低至25.88%。

除彭博、汤森路透之外，没有任何一家其他的金融信息服务公司有超过3.57%的市场份额。

过去三年汤森路透与彭博在全球金融信息行业中的市场份额（按销售额）变化如图2-10所示。

可以看到，彭博在过去的3年中，市场份额逐年缓慢增长，而汤森路透在金融信息行业中的市场份额则有缓慢下降趋势。总体而言，二者始终占据着全球金融信息行业近60%的市场份额。

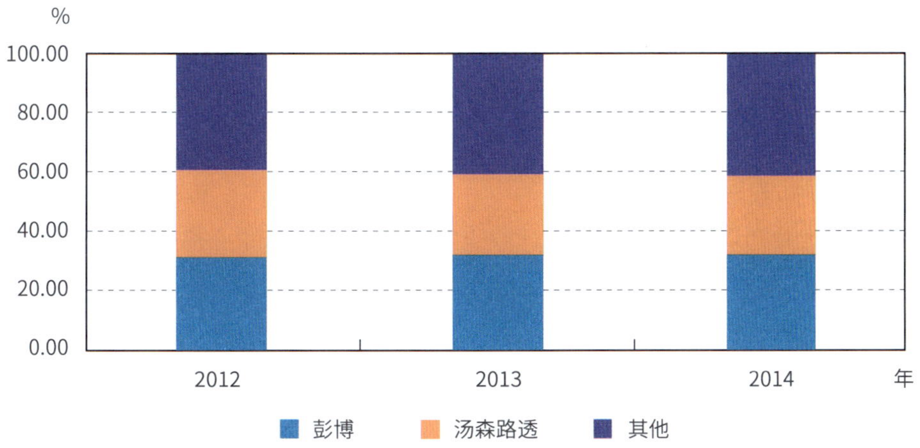

图2-10 全球金融信息行业市场份额（按销售额2012～2014年）

（二）上海信息服务市场发展概况

随着中国实体经济与资本市场的发展以及各种金融创新，中国的金融信息服务需求在过去十年间保持着30%以上的年增长率。根据专门研究金融信息服务业的美国咨询公司Burton-Taylor的研究报告，中国金融信息市场在过去的十年间的复合年增长率高达42.1%，正处于快速成长期。

上海是中国信息服务业的中心，全国

规模以上的金融信息服务机构有近50%在上海。上海金融信息服务市场参与机构众多，业务发展处于快速成长期。

与国际金融信息服务市场不同，国内的金融信息服务市场分为面向机构投资者和中小投资者两大板块，在这两大板块中企业构成、客户需求、产品形态、商业模式都有较大差异。

在中国，以散户为主的中小投资者更倾向于自主决策投资，而非通过专业机构进行专业理财的模式与需求现状，催生了国内炒股软件、炒股网站这一类金融信息服务市场。该领域的主要金融信息服务商包括大智慧、东方财富、同花顺、益盟操盘手、和讯网、新浪网财经频道等企业，行业呈充分竞争态势且参与厂商绝大部分为国内本土的企业。

面向广大中小投资者的国内本土金融信息服务商的行业细分如表2-13所示。

除了上述以广大中小投资者为服务对象的金融信息服务市场外，与国际主流市场相类似，国内也存在以机构投资者为主要服务视角的一批金融信息服务企业。国内该市场整体表现为，以上海万得为代表的一批本土企业，同彭博、汤森路透为代表的国际厂商相抗衡的大格局，以销售额计算，本土企业与国际企业的市场份额大致为各占50%。目前，中国的金融信息行业市场在80亿～100亿元。国内金融信息市场份额（按销售额）大致如图2-11所示。

由于彭博、汤森路透等国际厂商的产品单价远高于国内企业，从覆盖金融机构的实际用户数量计算的话，国际厂商的市场覆盖率将大幅下降至10%，国内厂商占据市场的主流，其中，上海万得占据着近90%以上的市场份额。国内金融信息市场份额（按终端数量）见图2-12。

可以看到，国内金融信息市场（面对机构投资者）是上海万得一家独大的局面。上海万得的优势在于专注于一个终端，建立自己的数据库同时对国内的信息市场提供非常全面的信息，并为客户提供了非常人性化的数据提取方式。而由于国内的大银行的金融市场部及券商、基金等要做全球化投资，其对于国际市场中的数据有着极大的需求，因此彭博的终端机及汤森路透的Eikon等在国内仍占有一定的市场份额。

除了上海万得、彭博和汤森路透等知名

表2–13　面向广大中小投资者的国内本土金融信息服务商

服务模式	简要描述	主要收入来源	代表企业
财经网站资讯服务	通过网站的形式为用户提供免费的财经资讯	网络广告	东方财富、和讯网、新浪网财经频道等
客户端数据信息服务	通过专用客户端为证券市场投资者提供金融信息、金融数据、分析工具等	信息、数据、客户端等服务费	大智慧、同花顺等
金融数据、研究分析报告服务	基于金融数据库，对普通财经信息进行深度加工	终端及客户端	彭博、汤森路透、上海万得、新华08

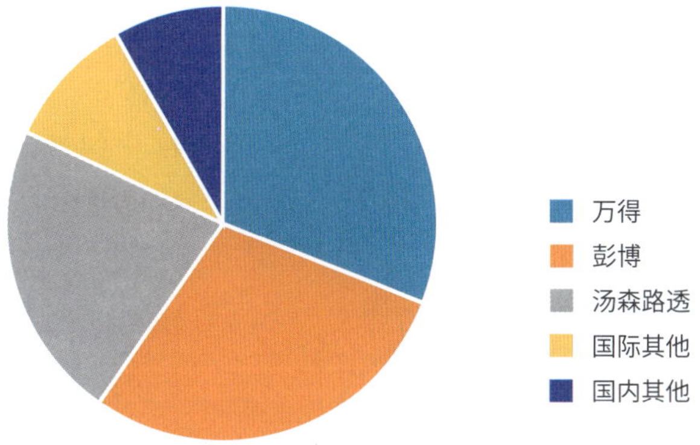

图2-11　国内金融信息市场份额（按销售额）

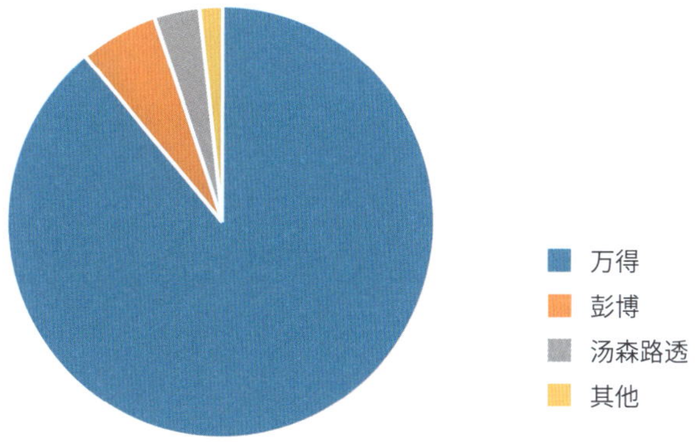

图2-12　国内金融信息市场份额（按终端数量）

机构外，还有新华08等其他信息服务机构。由于拥有新华社的新闻资质，新华08有着得天独厚的优势，新华社推出的新华08在机构客户中也有着不错的口碑，2014年的收入大约为2亿元。大智慧的营业收入有所下降，由2013年的8.94亿元降低8.25%至2014年的8.20亿元。此外，东方财富的营业收入增长251.24%至3.83亿元，同花顺的营业收入增长149.58%至1.29亿元。

国内市场除上海万得外，其他金融信息供应商的营业收入构成中的金融数据服务占比较低。部分金融信息服务商转战互联网金融，逐步向互联网券商、互联网金融电子商务平台及基金销售转型。

从欧美发达经济体的金融信息服务行业发展来看，随着我国资本市场的规模越来越大、金融产品创新及对外开放程度的增强，金融机构对各类金融信息和分析产品的需求越发增强，国内金融信息服务市场的增长也将越来越快。

九、法治建设情况

2014年，在上海自贸区改革开放先行先试的助力下，上海国际金融中心及其法治环境建设更上一层楼。

（一）金融法律不断健全，监管规章相继出台

2014年国家金融法律法规持续完善，金融监管部门也相继出台政策规范，为上海国际金融中心法治建设营造了良好的氛围。

8月31日，十二届全国人大常委会第十次会议通过决定，对《中华人民共和国保险法》《中华人民共和国证券法》《中华人民共和国预算法》做少量修订。此外，《中华人民共和国证券法》的全面修订、《期货法》的制定起草正加紧进行，《存款保险条例（征求意见稿）》向社会公开征求意见。

5月9日，国务院印发了《关于进一步促进资本市场健康发展的若干意见》，对促进资本市场健康发展进行顶层设计，作出统筹部署。8月21日，《私募投资基金监督管理暂行办法》正式发布实施，为私募基金发展奠定了良好的法律基础。10月17日，证监会正式发布《关于改革完善并严格实施上市公司退市制度的若干意见》，健全上市公司主动退市制度，严格执行市场交易类、财务类强制退市指标。10月24日，证监会发布了修订后的《上市公司重大资产重组管理办法》，取消了非借壳重大购买出售资产行为审批，体现了简政放权。

8月13日，国务院发布《关于加快发展现代保险服务业的若干意见》，要求加快发展现代保险业，完善金融体系。4月18日公布了《关于修改〈保险资金运用管理暂行办法〉的决定》，调整了保险资金运用比。9月28日印发《保险公司所属非保险子公司管理暂行办法》，通过加强与其他金融监管机构信息共享等方式，监测保险公司所属非保险子公司的风险。10月24日，保监会发布《保险资产风险五级分类指引》，明确了五级分类风险的核心定义，确定了分类标准。10月31日，保监会和银监会联合发布《关于规范保险资产托管业务的通知》，明确禁止保险资产托管机构将保险资产托管业务与保险产品销售业务挂钩等行为。

1月17日，银监会发布《商业银行流动性风险管理办法（试行）》，设三大指标管控商业银行流动性风险。3月17日，银监会正式发布《金融租赁公司管理办法》，放宽了金融租赁公司的准入条件。9月28日，银监会发布修订后的《商业银行内部控制指引》，进一步推进商业银行规范内部管理、完善内部控制，并增加了内部控制评价和监管约束两方面的要求。12月12日，《信托业保障基金管理办法》正式发布，保障基金将由信托业市场参与者共同筹集，由保险基金公司管理。

（二）提升金融司法保障，完善纠纷处理机制

1. 金融司法助力自贸区

经上海高院批准，浦东法院于2013年年末设立自贸区法庭，依法审理涉自贸区相关民商事案件。2014年年初，上海高院出台《上海法院服务保障中国（上海）自由贸易试验区建设的意见》，4月29日，上海市一中院公布《涉中国（上海）自由贸易试验区案件审判指引》，5月4日，二中院发布《关于适用〈自贸区仲裁规则〉仲裁案件司法审查和执行的若干意见》。这一系列规则的出台，为自贸区的稳健发展提供了司法护栏。

上海人民检察院在年内分别与人民银行上海总部、上海银监局、上海证监局、上海

保监局等签署了《加强中国（上海）自由贸易试验区金融法制保障合作备忘录》，包括自贸区保险改革和法制信息沟通、保险领域刑事案件查处协作、保险业创新法制配套等内容，为自贸区金融法制提供了专业化的保障。市检察院建立并完善了自贸区刑事司法与行政执法的衔接机制，加强事中、事后监管的联动机制和职务犯罪预防的工作机制。11月3日，市检察院首次发布《涉上海自贸区刑事法律适用指导意见（一）》，对全市检察机关涉自贸区案件办理统一法律适用作出规定。市检察院还办理了李强信用证诈骗案、董良跨境贸易诈骗案等一批案件，维护了自贸区的金融稳定。

在多元化纠纷解决机制方面，上海为自贸区市场主体提供多元、灵活、经济、专业的纠纷解决方式。上海国际经济贸易仲裁委员会于2013年年末设立了上海自贸区仲裁院，2014年4月8日，《中国(上海)自由贸易试验区仲裁规则》推出实施。5月27日，上海市浦东新区人民法院自贸区诉讼与非诉讼相衔接的商事纠纷解决机制正式启动。

2. 实现司法公开

2014年，全市法院实现依法可公开的生效裁判文书全部上网公开，使司法环境进一步优化。4月2日，上海高院通报上年度金融商事、刑事审判情况，对国际金融中心与自贸区建设中新类型金融案件及其审判进行预判，发布金融商事审判十大案例、金融刑事审判十大案例，并针对涉银行、涉保险、涉证券期货信托案件、涉金融消费者权益案件、涉信用卡犯罪案件等分别发布了5个白皮书。根据白皮书，2013年金融商事案件一审收案数31 065件，同比上升34.4%，涉案标的总金额为447.5亿元，同比上升132.35%；同时，金融刑事案件一审收案数和被告人数同比下降39.5%和34%，为1 229件，1 517人。7月31日，市一中院、二中院联合发布了《2009～2013年融资租赁合同纠纷审判白皮书》。10月末，浦东新区人民法院发布《2011～2013年破产清算案件审判白皮书》、《人身保险类案件金融审判白皮书》、《银行金融借款类案件审判白皮书》。根据中国社会科学院公布的2014年《法治蓝皮书》中的《中国司法透明度指数报告》显示，上海高院名列第一。

4月28日，上海市检察院发布《2013年度上海金融检察白皮书》以及2013年度金融犯罪十大典型案例。根据白皮书，2013年全市共受理审查起诉金融犯罪案件数和人数，分别较2012年下降43.3%、52.4%，降幅明显。但与2010年和2011年基本持平，信用卡诈骗罪连续五年居案件量首位，共1 232件，占全部金融犯罪案件的87.3%。2014年上海检察机关加大金融犯罪打击力度，提起公诉集资诈骗、非法吸收公众存款、逃汇、利用未公开信息交易等金融犯罪1 925人，同比上升50.7%，办理了芦立新等9人集资诈骗、非法吸收公众存款5.3亿元，上海大乾同实业有限公司、昊祥有限公司逃汇2.94亿美元等案件。

（三）深入金融法治理论研究，持续金融法治文化建设

2014年，上海金融实务部门和法学界纷纷就证券、期货、保险、基金、信托、互联网金融、小额贷款、融资担保、自贸区金融等领域商事法律修订、融资风险防范、资本市场法律完善、金融创新、非正规金融监管等专题展开调查和召开研讨会，理论与实务结合收到良好效果。

2014年9月，“中国商法学研究会2014年年会”在上海举行，论坛紧扣党的十八届三中全会精神，围绕“市场在资源配置中起决定性作用”和“自贸区法制建设”等展开讨论。

12月4日，以“国际金融中心发展的法治提升”为主题的“2014年上海金融法治论坛”举行，由上海市法学会主办，上海市法学会金融法研究会、上海对冲基金园区承办，与会者围绕“自贸区金融法律制度创新”、“互联网金融法制建设”、“财富管理生态系统建设”等议题进行了热烈研讨，分别就自由贸易账户制度创新、金融创新的法律服务、互联网金融监管前瞻、互联网金融与非法集资、P2P风险管理机制等，从理论、金融实务及司法实践等多个角度为上海国际金融中心及其法治环境建设出谋划策。

此外，2014年沪上还举行了上海市第五届信托法论坛、保险法半年度研讨会、互联网金融法律闭门研讨会、法律与金融论坛、外滩金融法律论坛、陆家嘴金融消费者保护论坛、市场监管改革背景下的企业治理高峰论坛、金融机构社会责任研讨会等学术会议。

（四）金融法律服务上层次，为金融中心保驾护航

1. 金融仲裁机构

全球主要国际金融中心纷纷成立金融仲裁中心，以方便金融纠纷的解决，提升自身的竞争力。例如，巴黎设有国际商会仲裁院（ICCCA）总部，伦敦设有伦敦国际仲裁院（LCA）总部，瑞士日内瓦设有世界知识产权组织仲裁中心（WIPOAC）总部。对于正在致力于建设国际金融中心的上海而言，金融仲裁机构的设立与运行同样意义重大。

（1）上海金融仲裁院

上海金融仲裁院自2007年12月18日成立以来，金融仲裁员人数已经从成立初期的78人增加到210人，案件受理数量和争议金额每年呈逐步增长状态，截至2014年年底，共计受理案件1 635件，争议金额104亿元，案件类型涵盖了银行、证券、保险、融资租赁等广泛金融领域，其中也包括了信托、期货、融资融券、P2P等新类型案件。

（2）上海国际经济贸易仲裁委员会（上海国际仲裁中心）

上海国际仲裁中心致力于推广金融仲裁，取得良好效果。2008～2012年，共受理金融案件186件，标的额达到近28亿元。案件类型包括国内金融衍生品争议、含资金等资产委托管理、融资租赁、保险理赔、外汇借贷、授信额度、上市公司非流通股转让、非公开发行A股协议、基金、再保险、外汇宝、期货、上市辅导及一般贷款、保险、典当，以及投资、股权转让、兼并收购等类型案件。相关案件的仲裁效率及裁判效果得到了商业界和法律界的广泛好评。在上海贸仲受理的金融案件中，不少案件当事人为境外银行、保险公司及其他金融机构，或双方当事人均为非上海企业或金融机构，具有明显的跨国性或跨地域性。

2. 金融纠纷调解

金融消费者与金融机构相互之间涉及银行、证券、保险、信托等金融业务的各类纠纷，都可考虑选择以调解方式解决争议。目前这种纠纷解决机制逐渐获得世界各国法律界和商界的认同。上海在大力推进国际金融中心建设的过程中，必须发挥调解作为解决金融纠纷的重要作用，快速、高效地解决金

融纠纷，维护金融秩序的稳定。

（1）上海经贸商事调解中心

上海经贸商事调解中心经上海市商务委员会、上海市社团管理局批准，于2011年1月8日正式成立，是独立的第三方商事调解机构。

2014年5月27日，上海市浦东新区人民法院与上海经贸商事调解中心共同签署《协作纪要》，正式启动自贸区诉讼与非诉讼相衔接的商事纠纷解决机制。上海经贸商事调解中心与自贸区法庭共同拟定《上海市浦东新区人民法院关于自贸试验区诉讼与非诉讼相衔接的商事纠纷解决机制的工作规则》，针对涉自贸区的金融商事纠纷具有多边化、专业性强等特点，上海经贸商事调解中心特别指派专门为解决自贸区纠纷而设立的国际商事联合调解庭进驻自贸区法庭，并确定调解员名册内9位国际知名的专业调解员参与纠纷解决，为自贸区商事纠纷解决提供人才保障。

(2)金融行业协会调解组织

2014年12月16日，上海市金融消费纠纷调解中心成立。该中心是第三方调解组织，在民政局登记注册的独立法人，属于民办非企业单位。该中心向社会公开选聘调解员，调解员来自高校、研究所、律师事务所、监管机关和商业银行的法务部门。

另外，金融行业协会内也成立了调解中心。2004年，上海市保险同业公会率先建立保险行业人民调解组织。据统计，截至2011年8月，上海市保险同业公会人民调解委员会共接受调解案件281件，其中247件最终进入调解程序，229件达成调解协议，调解成功率为92.7%。为积极推动全国证券纠纷调解中心的成立，上海证券业同业公会已作为首批试点协会之一，为证券市场的维稳工作和解决行业纠纷积极探索新的调解机制。2013年，上海市银行同业公会组建上海银行业消费者纠纷调解中心，首批聘任48位具有银行从业经历、熟悉金融业务、法律知识、具有纠纷处理经验的业内专业人士及专家、学者义务担任调解员。该中心将免费受理上海银行业金融机构、监管部门及消保委等机构推荐，以及购买和接受银行产品、服务的消费者申请调解的事项。

3. 金融业务公证

按照国际惯例和我国的立法与司法实践，公证作为一种程序性和预防性的法律制度，最适合规范和调整金融法律关系和法律行为。近年来，上海公证行业日渐发展成熟，目前全市有公证处21家，公证员人数为407人，每年办证量在40万件左右，公证种类达200多种，公证文书发往100多个国家和地区使用。

4. 金融律师法律服务

上海律师业规模迅速扩张，全市共有律师事务所1 000多家，执业律师14 000多名，涌现了一批具有明显金融专业特长的律师事务所或金融律师团队，集聚了一批业界精英。近年来，上海适应国际金融中心建设的需要，有针对性地增加了金融专业法律服务的律师培训课程，每年选送一批包括金融专业律师在内的急需专业优秀青年律师到国外律师事务所开展实务培训，有效提高了金融法律服务的专业水平。

上海律师业国际化水平国内领先，提供跨地域的金融法律服务成为特色，也保障了国际金融中心建设。外国（香港）律师事务所驻上海代表处的人员、业务都呈现出高速发展的态势，在上海国际金融中心建设中发挥着非常积极的作用。截至2011年年底，境外所在沪设立代表处142家，全球最大的100家律师事务所中有44家在上海设立了代表处，排名前15的律师事务所有13家入驻上海。

金融法律业务是上海各大律所的重要业务领域。代理金融纠纷诉讼和仲裁，是当前律师提供金融法律服务的主要形式；律师担任金融企业法律顾问或法务人员，促进企业依法经营，预防纠纷，防范风险。律师参与金融市场各种投融资项目，以及互联网金融等创新活动，通过尽职调查、合规审查、法律咨询等为金融市场保驾护航。律师还通过参政议政，为国际金融中心建设建言献策。

上海市律师协会是上海律师的自律性组织，设置了银行、保险、证券、期货、基金和信托等多个金融业务研究委员会。

第三章
纽约国际金融中心发展情况

2014年，纽约市宏观经济继续稳定增长，经济发展战略继续致力于对传统产业实施转型升级，新兴科技和生产性服务性发展迅速。在金融方面，金融服务业和金融机构蓬勃发展，其中银行业资产规模上升，资产质量提高，但盈利能力略有下滑；证券行业盈利水平则处于历史高位；保险业和保险机构也伴随经济复苏进程而快速发展。金融市场规模持续扩大，其中股票市场市值、融资规模以及成交规模稳居全球首位，债券、期货、外汇及利率衍生品等市场位于全球前列，继续在全球金融资源配置中发挥核心作用。在金融监管和发展环境上，美国银、证、保等监管机构2014年推出众多管理措施，集中于落实完善《多德—弗兰克华尔街改革与消费者保护法案》（Dodd-Frank法案）等金融改革法案要求，以及关注网络安全、社区银行发展、普惠金融等关键议题，推动监管环境进一步完善并渐趋严厉；此外，会计准则等基础设施也进一步与全球规则趋同。总之，纽约继续在全球国际金融中心城市中占据全面领先地位。

一、经济金融发展概况

根据最新可得数据显示，2013年纽约大都会区GDP为14 711.7亿美元，较2012年上升10%。GDP构成中，金融活动、专业和商业服务、教育和健康服务、交通运输及公用事业、休闲酒店业等位居前列（见图3-1）。

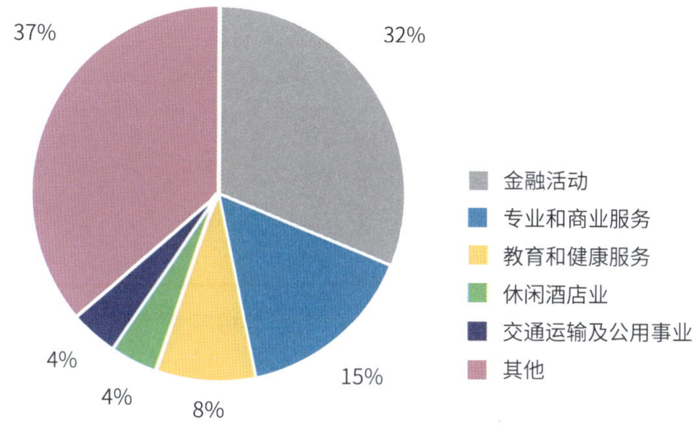

资料来源：BEA2013年数据。

图3–1　纽约大都会区GDP结构图

专栏3-1 纽约市基本经济金融情况

纽约位于美国大陆的东部海岸、大西洋沿岸哈德逊河口，人口约为840万人，面积1 214平方千米。纽约是全美国最大的工商业、财政金融和文化艺术中心，是最大的海港和交通枢纽，也是世界经济和金融中心之一。纽约金融区以曼哈顿下城的华尔街为龙头，被称为世界金融中心。其金融中心典型特征表现：一是众多美国金融机构总部和外国金融企业分支机构云集于此；二是金融市场齐全且发达，为全球主要的金融工具交易市场，并能够全面集中地开展国际资本借贷、债券发行、外汇交易、保险等金融服务。

从经济指标来看：2014年年末，纽约市平均失业率为6.3%，较2013年下降2.2个百分点；全部就业人数414.6万人，其中金融行业（含房地产）44.5万人，包括信息、专业及商业、教育、医疗健康等一般服务业雇员231.3万人，零售批发等贸易行业雇员64.7万人，制造业雇员7.6万人。2014年，曼哈顿酒店平均入住率达到89.3%，较上一年上升1.4个百分点；曼哈顿A级办公楼每平方英尺租金报价达到74美元，较上年上涨5.7个百分点；空置率为8.9%，较上年下降1.3个百分点。在城市建设方面，纽约市2014年建设项目共计7 252个，较2013年上升26.7%；建筑面积共计4 654.2万平方英尺，投资合计213.4亿美元。

除金融等传统产业外，纽约市在新兴科技和生产性、服务性领域发展迅速。2003～2012年，纽约市高新技术产业增加值增长36%；在风险投资方面，纽约市2012～2013年风险投资增长51%，仅次于加州，位居全美第二，其中75%的风险投资流入互联网企业。以新兴行业3D打印为例，纽约在其发展中拔得头筹。截至2013年7月，纽约市有20家私人企业和10余家研究机构从事3D打印领域生产和研究工作，实际雇用人员达350人；设计学校年培训3D打印相关专业学生2 400名。另以创意产业为例，截至2013年12月，纽约广告从业人员占全美的20%，广告收入占全美的14%。同时，纽约时装零售市场为全美最大，目前拥有超过900家时装公司总部，年销售收入达到180亿美元。

此外，纽约还是美国文化、艺术、音乐和出版中心，有众多的博物馆、美术馆、图书馆、科学研究机构和艺术中心，目前共有约1 300家艺术与文化机构。美国三大广播电视网和一些有影响的报刊、通讯社的总部均

表3-1 曼哈顿A级办公楼空置率和平均租金率

	空置率（%）		平均租金率（每平方英尺）	
	直租	转租	直租（美元）	转租（美元）
中城	8.6	2.0	82	66
中城南	4.4	1.3	72	49
下城	11.2	0.8	56	43
曼哈顿合计	8.9	1.7	74	62

数据来源：www.nycedc.com。

设在纽约。以传媒行业来看，纽约从业人员约有27.5万人，每年产值超过800亿美元。

在经济发展战略上，纽约市过去几年里一直致力于对传统产业实施改革转型。实际上自2008年，纽约市已推出近100项涵盖“app”竞赛及企业孵化器网络计划等支持项目，以提升企业竞争力。另外，纽约市加大了战略性基础设施投资，如兴建一个新的位于史丹顿岛和布鲁克林之间虹吸排水系统，以容纳最大的现代货船；推出了三个科技合作平台项目，如康奈尔大学与以色列理工技术学院联合兴建的科技大学校园。此外，纽约市加大了对经济模式转型的支持以塑造未来城市竞争力：推动关键行业如媒体、时尚和工业向21世纪新型产业模式过渡；加大对新兴产业吸引和开放力度。

作为国际经济和金融中心，纽约是全球跨国公司总部集中之地，其在银行、证券、保险、生物医药等领域为美国乃至全球提供产品和服务，由此奠定其国际支配力和影响力。2014年年末，世界500强企业中有18家总部位于纽约，位居全球第三，次于北京的52家和东京的43家。从行业分类来看，银行等金融机构占11家，其他类型企业共7家。纽约全球500强企业名单见表3-2。

截至2013年年末，纽约市共有53家商业

表3–2　纽约全球500强企业名单

单位：百万美元

公司名	行业	营业额	利润	500强排名
威瑞森电信	电信	120 550	11 497	42
摩根大通	银行	106 283.0	17 923.0	57
花旗集团	银行	93 629.0	13 673.0	82
美国国际集团	财产意外保险	68 678.0	9 085.0	127
大都会人寿	人寿健康保险	68 202.0	3 368.0	131
百事公司	食品	66 415.0	6 740.0	137
辉瑞制药有限公司	制药	53 785.0	22 003.0	191
国际资产控股公司	多元化金融	43 768.3	19.3	243
高盛	银行	40 874.0	8 040.0	270
摩根士丹利	银行	36 848.0	2 932.0	312
阿美拉达赫斯公司	炼油	36 694.0	5 052.0	315
二十一世纪福克斯	娱乐	36 566	7 079	318
纽约人寿保险公司	人寿健康保险	36 026.3	1 326.4	324
美国运通公司	银行	34 932	5 359	333
美国教师退休基金会	人寿健康保险	32 156	8 260	352
菲利普—莫里斯公司	烟草	31 217	8 576	390
时代华纳	娱乐	29 795	3 691	408
旅行者保险公司	财产意外保险	26 191	3 673	457

数据来源：www.fortunechina.com。

银行、14家储蓄银行、360家证券公司、128家保险公司、91家信用社、20家非存款信托公司等金融总部，另有134家外资银行分支机构。从资产规模看，美国前五十大金融控股公司约有12家位于纽约，总资产规模达到90 064亿美元，占全部机构资产比重为60.8%，从中体现出作为金融中心的纽约金融集聚度之高。

除金融机构之外，纽约金融市场在全球金融资源配置中发挥核心作用。按交易对象划分，主要包括外汇市场、股票市场、债券市场、商品期货市场等。外汇市场上，纽约外汇交易量2013年全球占比达到19%，仅次于伦敦。股票市场上，位于纽约的证券交易所股票市值2014年年末达24.03万亿美元，占全球比重为37.4%；股票成交规模占全球的43%。此外，纽约市场在石油等能源期货、黄金等金属期货以及其他部分衍生品交易上位居全球前列。

二、金融服务业与金融机构

（一）银行业

2014年，得益于宏观经济温和复苏，美国银行业总体上运行稳健，全行业资产规模持续上升，信贷质量继续提高，但盈利能力有所下滑。资产规模上，年末银行业金融机构资产总额15.6万亿美元，较2013年增长5.4%。其中，贷款和租赁余额升至8.3万亿美元，较2013年增加 5.3%，为2008年年中以来增长最快的一年。从资产质量来看，贷款和租赁的逾期比例下降至1.96%，创下2008年第一季度末以来最低水平；另外，列入“问题清单”的银行数量连续第15个季度下降，年末下降到291家，仅为国际金融危机后最高的2011年第一季度888家的32%。从利润水平看，全年盈利总额1 527亿美元，较2013年下降1.1%，为近五年来首次下降。净盈利下降主要源于：抵押贷款销售、证券化和服务的收入下降91亿美元，降幅约为35%；另外，大型银行法务开支增加了65亿美元。然而，部分中小银行表现突出，如社区银行在本年度表现较好，其净息差和贷款增长速度均明显高于同业，收入则较上年增长了28%。最后，从经营环境来看，美国银行业面临的经营环境更趋复杂,特别是金融监管更加严厉。但银行业经过2008年金融危机以来的重整和

表3–3　美国商业银行和储蓄机构的资产和负债

	2014年	2013年	2012年	2011年	2010年	2009年	2008年
机构数量（家）	6 509	6 812	7 083	7 357	7 658	8 012	8 305
总雇员（人）	2 047 879	2 068 719	2 110 276	2 108 598	2 088 579	2 062 950	2 151 758
总资产（百万美元）	15 553 660	14 731 284	14 450 503	13 891 365	13 318 934	13 086 778	13 841 148
贷款和租赁量（百万美元）	8 309 470	7 893 117	7 695 664	7 474 177	7 375 331	7 281 810	7 873 504
存款（百万美元）	11 763 885	11 192 129	10 817 342	10 186 246	9 422 883	9 226 798	9 035 717
总股本（百万美元）	1 742 224	1 654 703	1 629 298	1 569 165	1 511 377	1 444 552	1 291 063
30～89天逾期（百万美元）	69 968	75 897	88 880	100 902	117 875	139 969	159 320
90天以上逾期（百万美元）	75 586	96 660	123 666	133 583	129 038	129 903	74 846

数据来源：FDIC, Quarterly Banking Profile。

表3-4　纽约市银行业基本情况

	机构数目（家）	总资产（亿美元）
纽约市	300	26 927
其中：商业银行	53	5 526
储蓄银行	14	211
储蓄贷款协会	2	175
信用社	91	131
外资银行分支	119	19 704
外资银行代表处	15	1 170
其他	6	10
其中：州注册银行	162	23 900
联邦注册银行	138	3 027

数据来源：Department of finance services 2013 annual report, New York State。

改革转型，基本上建立起适应新的经济现实和监管环境的经营模式。

从纽约市来看，截至2013年年末，主要银行业机构共计300家，总资产合计2.69万亿美元。其中，联邦注册银行138家，总资产合计3 027亿美元；州注册银行162家，总资产合计2.39万亿美元。

（二）证券期货业

在国际金融危机爆发六年后，纽约市证券行业继续应对危机后续效应并进行相关变革。行业传统的运作方式在监管改革下发生改变，储备要求增大，某些特定业务受到限定，行业透明度得以提高，并被施加了其他变革要求以降低行业不必要的风险。

从行业盈利情况来看，过去五年中证券行业一直盈利，其中包括历史记录中三个盈利最高的年份。2013年，更高的非报酬成本使利润降至167亿美元，但以历史标准衡量利润仍然较好。2014年上半年，利润总额达到

资料来源：OSO。

图3-2　纽约市证券行业利润

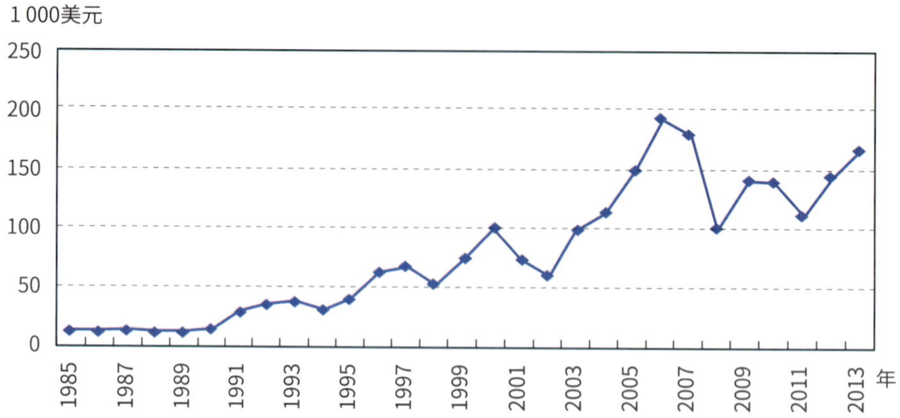

资料来源：OSO。

图3-3　纽约市证券行业人均奖金

87亿美元，较上年同期下降13%。考虑到非报酬成本将继续限制利润，2014年利润水平可能不会超过2013年水平。

从工资收入来看，过去三年来看，行业工资基本稳定增长。根据纽约州审计长办公室（OSC）估计，尽管证券行业将部分大份额的奖金推迟至未来延发以阻止机构过度冒险，但证券行业平均奖金在2013年仍上涨15%，达到国际金融危机以来的最高水平；行业薪金（包括奖金）则平均达到35.5万美元，比其他私营部门高出5倍。根据目前的薪酬趋势和不断实现递延奖金，2014年奖金及薪金可能会更高。

从期货行业来看，纽约主要的商品交易所为纽约商品交易所，曾是世界上最大的商品期货交易所之一，2008年被CME集团收购。目前，有两个分支机构——NYMEX和COMEX，交易的期货产品有所不同：NYMEX主要侧重于交易能源产品、白金和钯的期货与期权合约；而COMEX主要交易金、银、铜和铝的期货与期权合约，COMEX是美国以及全球最大的黄金期货、期权及其他衍生品的交易场所。2014年，COMEX和NYMEX日均交易量为196.54万手，占CME的比重为27.8%。

尽管纽约市证券期货行业在国际金融危机后经历较多变革，但仍然是纽约州和纽约市主要的税收来源和经济动力。在2013～2014财年，该行业贡献了19%的纽约州税收以及7%的纽约市税收。在2014～2015财年，纽约州也将进一步获得来自该行业的45亿美元结算付款。从就业上看，纽约市证券行业雇员数量持续下降，行业就业规模较国际金融危机前缩水15%。尽管如此，纽约市1/9的工作以及纽约州1/16的工作直接和间接与证券行业相关。此外，由于证券期货行业收入占纽约市全部私营部门工资收入比重很高，根据OSC2013年的一项估计，从经济乘数来看，证券行业一个新增就业将导致纽约市其他行业新增两个就业，反映出证券行业对于纽约市经济的重要性。

展望未来，监管政策的变化对证券期货行业的影响仍有待观察和评估。从监管改革来看，Dodd-Frank法案在2010年7月正式签署成为法律，但目前只有55%的规则已经推行完成，而许多规则仍未生效。该法案的

619条规则——即“沃尔克规则”，按原定要求，证券公司应于2015年7月21日之前符合新的规则，但进展仍并不顺利。另外，Dodd-Frank法案曾要求银行控股公司形成规划以应对公司面临困境且无政府财政支持下的清算问题。但监管部门发现这些规划仍存在缺陷，要求必须在2015年7月前得到解决。此外，监管机构近年来也对大银行控股公司增加资本储备、提高高品质的流动资产量、压力测试等方面提出要求，以提升金融体系的稳定性。这些变革将对未来证券行业进行重要调整，但其彻底实现仍需要数年时间。

（三）保险业

根据纽约州金融服务局统计，2012年由其监管的保险公司共约1 700余家，总资产规模4.2万亿美元。其中，财产保险公司841家，净保费3 480亿美元；健康保险公司总资产为3 990亿美元，保费总额486亿美元；寿险公司约为629家，保费总额约有2 620亿美元。

保险行业在纽约州经济中贡献巨大。除了为消费者和商业提供金融安全外，保险行业也是纽约州经济活动的重要组成部分。2012年，保险行业在纽约州生产总值中贡献420亿美元，占比达3.3%，贡献率超过众多其他行业，如建筑、能源、艺术、娱乐等。在就业方面，保险业在纽约州各行业中处于领先地位。2013年，该行业提供就业岗位为191 930个，位居全美第四。在税收方面，除大量的评估、服务费和其他税收之外，仅保险费税收，纽约州政府2013年征收额度达到14亿美元，为州政府重要税源。此外，保险业在纽约市以及纽约州进行了大量的投资活动，为道路、学校和其他公共项目建设提供融资支持。2013年年末，纽约州财产及意外保险公司持有美国市政债券184亿美元，为市政建设提供了大量的融资。最后，保险服务本身是保险业对于纽约市经济发展最重要的贡献。每一年，保险业为纽约州居民赔付数十亿美元资金。其中2013年，财产和意外险公司赔付了190亿美元，包括价值69亿美元的私人汽车保险理赔、17亿美元的房主索赔，以及23亿美元工资索赔，有效地发挥了经济补偿、防灾防损、社会管理等特殊的经济职能。

三、金融市场运行

（一）货币信贷市场

纽约货币市场是纽约短期资金借贷市场，是全球主要货币市场中交易量最大的一个市场，其包括联邦基金市场、定期存单市场、国库券市场、商业票据市场和货币市场互助基金等。全美各地政府机构、商业银行、非金融机构以及众多国外金融机构均能便利地进入该市场进行交易。在各类交易主体中，美联储是重要的一员，其通过纽联储设立的公开市场交易平台，进行公开市场操作实现货币政策意图；另外，美联储也是外国官方机构和美国财政部参与市场交易的代理人。由于纽约货币市场主要交易由供求双方直接或间接通过经纪人进行，不存在一个固定的交易场所，因此缺乏交易权威的统计数据，对该市场的规模难以准确估计。

在信贷市场上，根据FDIC统计，截至2014年年末，纽约州银行机构总存款6 967亿美元，净贷款和租赁量为3 718亿美元。资产质量及信贷结构分布等状况见表3-5。

表3-5　纽约州信贷市场及银行机构基本情况表

单位：%

	2014年第三季度	2014年第二季度	2013年第三季度	2013年	2012年
资产质量					
逾期及非应计贷款/总贷款（中值）	1.58	1.8	2.17	2.34	2.59
净贷款损失/总贷款（中值）	1.04	1.13	1.35	1.27	1.35
资本/盈利					
一级资本充足率（中值）	10.04	10.11	10.25	10.23	9.98
资产收益率（中值）	0.67	0.68	0.66	0.65	0.72
资产税前回报率（中值）	0.99	0.95	0.91	0.9	1
净息差（中值）	3.4	3.42	3.41	3.4	3.5
流动性/敏感性					
净贷款/资产（中值）	64.34	63.45	60.81	61.95	58.85
长期资产/资产（中值）	40.13	38.81	37.15	38.72	35.16
贷款集中度（中值）					
商业和工业	47.17	46.96	45.63	44.18	45.68
商业地产	210.69	219.67	195.02	193.16	177.67
建设开发	8.91	7.85	7.85	7.83	7.71
多户住宅房地产	23.85	23.86	20.8	21.05	17.72
非住宅房地产	139.96	138.09	135.54	132.7	123.97
住宅房地产	159.83	158.09	158.25	164.14	170.24
消费	2.94	3.37	3.6	3.49	3.92
农业	0	0	0	0	0

资料来源：FDIC数据库。

（二）外汇及利率衍生品市场

纽约外汇市场是美国也是全球最主要外汇市场之一。纽约外汇市场的参与者以商业银行为主，包括50余家美国银行和 200多家外国银行在纽约的分支机构、代理行及代表处。纽约各大银行与世界各地外汇市场可以24小时保持联系，国际间的套汇和其他交易活动几乎可以立即完成。

根据纽联储统计，2014年10月，每日场外市场外汇交易量（含即期、远期、外汇掉期、外汇期权）达10 954亿美元，较2014年4月数据调查上升35%，较2013年同期提高34%，为自2004年外汇交易统计以来新高。外汇交易量大幅上升的主要因素为市场参与度的增加，尤其是对冲基金、养老基金、共同基金和保险公司等机构的参与。按交易工具划分，2013～2014年，外汇期权增长最快，上升幅度为106.1%；即期交易则随其后，为47.5%；远期交易及掉期交易分别上升37.3%和0.9%。美国每日外汇交易量见表3-6。

从交易币种来看，美元在全部交易中占比85.8%；欧元则是第二活跃的交易货币，目前占外汇市场所有交易比重为32%；日元交易占比为22.4%；英镑交易在美国外汇市场交易占比为11%，为第四大交易货币。

在利率衍生品市场（包含远期利率协

表3-6　美国每日外汇交易量

单位：百万美元，%

交易工具	当前量	较2013年的增长量	增长率
即期交易	570 719	183 849	47.5
远期交易	220 450	59 861	37.3
掉期交易	239 390	2 052	0.9
外汇期权	64 868	33 398	106.1
合计	1 095 427	279 160	34.2

资料来源：FX Volume Survey Results，纽联储2014年10月数据。

议、利率掉期、利率期权及其他利率衍生产品）上，纽约市场日交易量达到6 280亿美元，较2010年上升2%。

（三）股票市场

目前，纽约主要的股票市场包括纽约—泛欧交易所集团美国中心（NYSE Euronext US）、纳斯达克市场（NASDAQ OMX)等。

纽约—泛欧交易所集团美国中心：是美国和世界上最大的证券交易市场。2014年年末，纽约—泛欧交易所集团美国中心证券市场市值为19.35万亿美元，较上一年上升7.8%。其股票市值超越排名第二至第五位交易所上市公司市值的总和(参见图3-4，表3-6）。2014年年末，纽约—泛欧交易所集团美国中心上市公司数目为2 466家，较上年上升4%，其中本国企业1 939家，外国企业527家。上市的外国企业数量占全球证券交易所首位，比第二位的纳斯达克交易所多出175家。

在股票市场融资规模上，2014年，纽约—泛欧交易所集团美国中心股票市场融资（包括首次公开发行和再融资）约1 119亿美元，居全球第一位。其中在IPO方面，2014年共实现116项IPO，较上一年下降6%；融资金额为631亿美元，较上年上升59%，创2007年

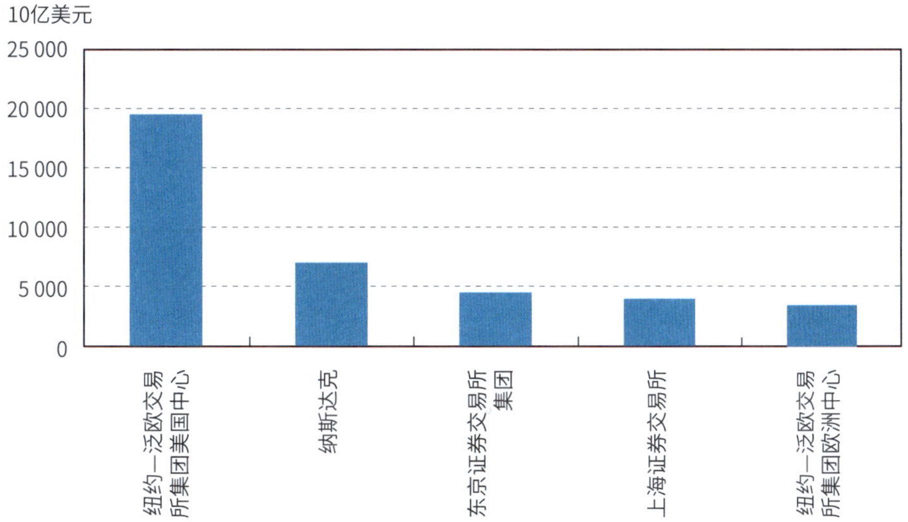

数据来源：WFE网站。

图3-4　全球主要股票交易所市值情况

来之最。2014年，选择纽交所进行IPO的企业包括来自中国的阿里巴巴、智联招聘、聚美优品、猎豹移动、新浪乐居5家企业。另外，非IPO企业融资111.9亿美元。

从股票成交规模来看，纽约—泛欧交易所集团美国中心继续位居全球第一，2014年股票交易值为15.87万亿美元，成交规模占全球比重为20.33%。

除基础股票以外，纽约—泛欧交易所集团美国中心在部分证券衍生品交易上位居全球前列：2014年，该交易所ETF交易量为3.94万亿美元，位居全球第一；单个股票期权交易量为5.34亿手，为全球第四位；ETF期权交易量为3.49亿手，居全球第二位。

纳斯达克：截至2014年年末，纳斯达克共有2 466家上市公司，其中外国公司527家。市值总规模6.98万亿美元，居全球第二位。在股票市场融资规模上，纳斯达克2014年IPO数量为176家，居全球证券交易所第一；IPO融资规模228亿美元，仅次于纽约—泛欧交易所集团美国中心、香港证交所之后，位居世界第三。2014年，进入纳斯达克进行IPO的中国企业包括创梦天地、迅雷、京东商城、途牛网、新浪微博、爱康国宾、达内科技7家企业。在股票成交规模上，纳斯达克位居全球第三，其2014年交易规模为12.23万亿美元，全球占比15.9%。

另外，纳斯达克市场在部分证券衍生品交易上位居全球前列：2014年，纳斯达克市场ETF交易量2.55万亿美元，位居全球第二；单个股票期权交易量6.95亿手，为全球第二位；ETF期权交易量3.49亿手，为全球第二位。

（四）债券市场

纽约债券市场规模庞大、种类丰富。截至2014年年末，美国债券市场存量约为39.1万亿美元，较2013年上升3.6%，是股票市场规模的1.6倍。债券市场种类丰富，以信用来看，不仅有国债等信用程度高的A级债券，同时还有信用程度较低的小型公司发行的“垃圾债券”等；从发行主体来看，有国债、市政债券、抵押支持债券和资产支持债券、公司债券、联邦机构债券、货币市场工具等（见图3-5）；此外，在衍生金融工具支持上，有信用违约互换（CDS）和债券抵押

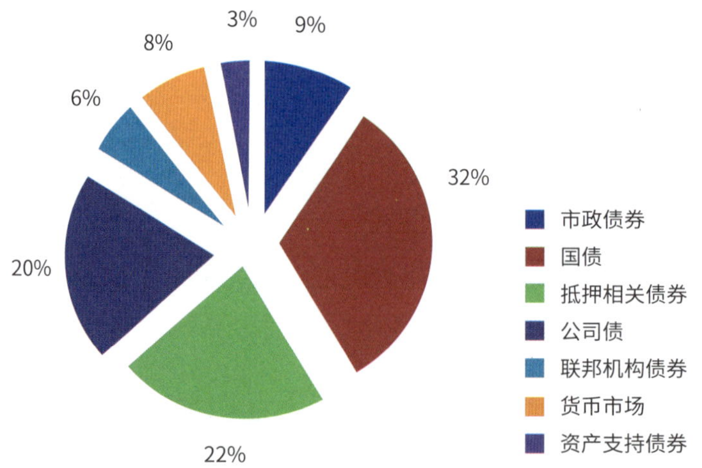

数据来源：SIFMA数据库。

图3-5　2014年美国债券存量结构图

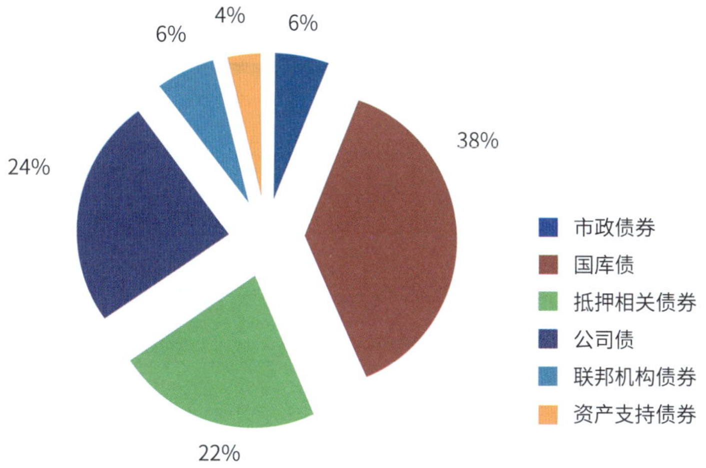

数据来源：SIFMA数据库。

图3-6　2014年美国债券市场发行结构图

债务凭证(CBO)等一大批金融工具起到分散风险和推动交易作用。纽约债券市场是美联储进行公开市场操作的重要场所。债券交易既可以在场外进行，也可以在证券交易所内进行，但场外市场是债券交易的主要市场。

2014，美国债券发行量共为5.85万亿美元，较2013年下降9.5%。其中，国库券、公司债券、抵押相关债券发行量占据前三位，分别为2.21万亿美元、1.43万亿美元、1.27万亿美元。

从债券市场交易量来看，美国债券市场交易十分活跃。由于以场外交易为主，加之双边报价商制度和电子交易系统普遍应用、债券做市商制度健全，美国债券市场成为全球流动性最高的市场。2014年，美国债券市场日均交易量7 303亿美元，较2013年下降11%，主要源于国债和联邦机构债券交易量的下降。

此外，美国债券市场投资者结构较均衡，主要有银行、基金、个人、保险公司以

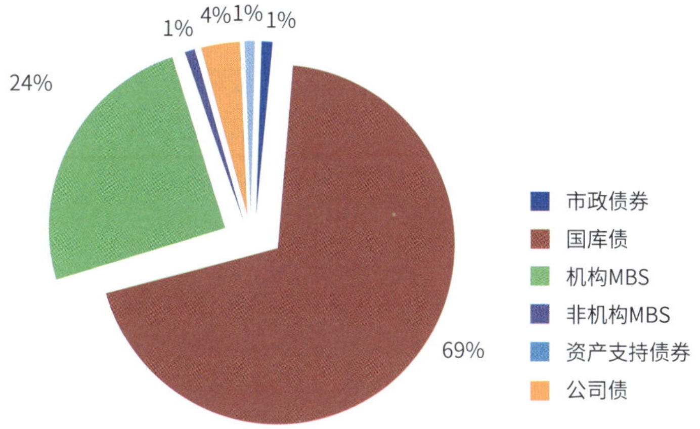

数据来源：SIFMA数据库。

图3-7　2014年美国债券市场交易结构图

及国际投资者等。近年来，以欧亚地区投资者为主的国际投资者持有美国债券比例逐步上升。另外，债券市场收益率曲线比较完备。美国债券市场上由一个时间序列的国债按不同期限收益率形成的收益率曲线完备，为国内外投资者提供了重要参考。

最后，债券市场系统性风险总体可控。根据穆迪1982～2013 年的统计数据显示，近三十年公司债券平均违约率为1.53%，其中，高收益债券平均违约率为5.14%，总体处在风险可控范围。另外，由于高收益债券一般为机构或专业投资者所持有，债券波动的社会不良影响相对较小。

（五）商品期货市场

2014年，纽约商品期货交易所日均成交合约为196.5万份，较上一年度下降4.6%，交易量约占CME集团总体交易量的27.8%。尽管交易总量在全球并不具备显著优势，但在部分交易品种上纽约商品交易所仍居支配地位。与2008年交易增速比较来看，纽约商品交易所在能源方面的几项期货合约Brent Crude Oil Last Day Futures等位于全球能源期货领域的前列， Comex Copper Futures等则在全球金属衍生品增长排名中居前。纽约商品交易所主要产品交易量增速排名见表3-7。

此外，从交易量来看，在全球交易量前二十位能源期货期权中，纽约商品交易所占据9席，其中Nymex的Light、 Sweet Crude Oil Futures和Henry Hub Natural Gas Futures分别处于第二、第三位。而在全球金属业期货期权交易量排名中，纽约商品交易所占据前二十位中的3席，其中Comex Gold Futures、Comex Copper Futures、Comex Silver Futures分别处于第六、第十五、第十八位。

四、金融监管

美国金融管理体系及监管标准十分庞杂。联邦金融监管的立法权在国会，主要法案包括《联邦储备法》、《银行控股公司法》等机构法，以及《格拉斯—斯蒂格尔法》等金融行业发展方面的法案。上述监管规章主要收录于《美国联邦监管法典》

表3-7 纽约商品交易所主要产品交易量增速排名

单位：手，%

能源排名	合约名	2008年	2013年	变化率
4	Brent Crude Oil Last Day Futures	465 056 9	214 951	1 881
7	Natural Gas Futures	38 730 519	84 282 495	117
9	NY Harbor RBOB Gasoline Futures	20 522 571	34 470 288	68
10	No. 2 Heating Oil Futures	19 583 052	32 749 553	67
金属排名	合约名			
2	Comex Copper Futures	4 618 044	17 127 383	270
6	Comex Gold Options	4 392 737	10 587 160	141
9	Comex Silver Futures	8 917 183	14 475 593	62

数据来源：FIA,Commodity and Interest Rate Trading Push Trading Higher in 2013。

（Code of Federal Regulations，CFR）。由于此类法律为根本性、系统性的金融监管法，一般调整较少，2014年无根本性法案出台。

立法之外，从监管机构具体管理规章来看，2013～2014年，美国银行业、证券业、保险业监管机构推出了众多的管理措施，对于纽约金融机构和金融市场的运行产生一定的影响。

（一）银行业监管

美国有联邦和州政府两级银行业监管机构。联邦政府主要有五个监管机构：美国货币监理署（OCC）、联邦存款保险公司（FDIC）、美国联邦储备体系（FED）、储蓄机构监管署（OTS）和国家信用社管理局（NCUA）。联邦之外，州政府设立银行监管机构，行使对银行体系的监管职责。

美国货币监理署。2014年，除了严格履行Dodd-Frank法案监管框架外，OCC在2014年度主要关注四项内容：网络安全、对大型银行机构提高监管标准、健康的企业文化和完善的风险管理实践的培育推广，以及实施国际同行提出的一些监管建议。此外，OCC的监管活动还包括对杠杆贷款、衍生工具、银行保密法合规性的管理，以及控制银行风险及保护金融消费者利益等举措。

联邦存款保险公司。截至2014年年末，FDIC投保存款余额达6.2万亿美元，分属6 500家机构约5亿个账户。本年度，FDIC的工作由国际金融危机后恢复金融环境转移到推动经济和金融发展上来，主要致力于平稳解决破产银行清算工作，解决利率风险、信用风险、网络安全威胁等新兴监管挑战。具体而言：对4 138家机构实施监管，执行了8 160次审计检查，实施了500项总额合计297亿美元的资产清算；重建存款保险基金；在Dodd-Frank法案和其他金融改革法案下实施改革，如进一步强化资本和流动性要求；对系统性重要金融机构的监管方案的完善，包括要求金融机构制定"生前遗嘱"等；推进国际金融监管协调；推动社区银行发展；推动网络安全保护；保护金融消费者以及推动普惠金融发展。

美联储。2014年年初，美联储开始削减量化宽松措施规模，10月宣布结束长达六年的量化宽松政策。目前，美联储仍将基础利率维持在0～0.25%的历史低点。尽管经济形势向好，在加息问题上美联储仍然十分谨慎，在货币政策正常化的问题上将"保持耐心"，以观察更快的经济增速是否可持续以及能否转化成持续的就业增长，将继续在相当长时间内保持超低利率来呵护来之不易的经济复苏。宽松货币政策之外，美联储近年来与其他银行业监管机构联合推出了众多举措：（1）修订资本监管框架。2013年7月，联邦银行监管机构（Federal banking agencies）调整监管资本规则，引入了包括董事会投资计划规则、Dodd-Frank法案压力测试以及系统性重要机构（SIFIs）资本附加费等新内容。（2）提出新的流动性覆盖率。2013年10月，联邦银行监管机构提出对于国际活跃的美国银行机构的流动性定量要求。（3）资本规划和压力测试。包括综合资本分析和评估（CCAR）以及Dodd-Frank法案压力测试。（4）与其他监管机构合作监管降低大型金融机构倒闭风险。（5）放松对社区银行的监管压力，推动社区银行发展。

纽联储。2013年以来，纽联储致力于强化金融体系、创新工具和流程以支持货币政策正常化，并提升支付系统的现代化。具体而言：（1）继续强化金融系统安全性，主要包括资本规划、三方回购市场改革等内容。（2）货币政策常规化的测试、运行准备及试点，为美联储货币政策最终常规化进程提供有效支撑。如2013年年初开始测试一个固定利率的隔夜逆回购工具以支持美联储的长期货币政策实施，由于该操作可适用于范围广泛的交易对手，有助于加强联储对货币市场利率的控制。（3）分析和引导市场预期——每月公布消费者预期调查，向公众提供关于消费者经济活动的分析，对于形成市场合理预期及熨平经济波动发挥有效作用。（4）推进支付系统现代化，尤其是更新了Fedwire中资金服务和证券服务模块，为下一代支付系统的开发奠定了良好的基础。

（二）证券期货业监管

美国各类证券市场包括股票、国债、市政债券、公司债、衍生品市场等，主要由证券交易委员会（SEC）、美国金融业监管局（FINRA）、商品期货交易委员会（CFTC）、美国财政部以及市政债券决策委员会（MSRB）等不同监管机构监管。

证券交易委员会。2014年，SEC进行了创纪录的执法和检查行动以加强金融体系安全，提高透明度规则，促进金融体系合规性运营；聘请了第一个投资者利益保护顾问（Investor advocate）来领导新成立的投资者利益保护办公室，实现对投资者利益保护使命；继续推动落实两项具有里程碑意义的法案——即Dodd-Frank法案和《初创期企业推动法案》（JOBS法案）：基于Dodd-Frank法案，SEC开启一个全新监管框架，突出对整体风险的监管和预警，且将影子银行系统纳入监管之下；推动债券发行人保留一部分其所发行证券产品的风险以抑制短期风险激励；加强对清算机构的监管；将自营交易与商业银行业务分离，禁止银行利用参加联邦存款保险的存款进行自营交易、投资对冲基金或者私募基金。基于JOBS法案，继续适度放松管制，完善小型企业与资本市场的对接，鼓励和支持小型企业发展，允许企业通过众筹（crowdfunding）等方式筹集资金。在上述举措以外，SEC还推出了其他的规则以保护投资者和金融系统安全，包括货币市场基金运作方式改革等。最后，借助数据分析等技术进步，继续加大检查和执法力度。

美国金融业监管局。2013年以来，FINRA主要监管措施为：在常规机构监管和风险监控基础上，致力于对技术创新的投入，将25%的经费投入到云计算等先进技术领域，以提升未来对市场的监管能力；将监管方式逐步转型为以数据驱动、以风险为基础检查项目，如下一步将推出CARDS以完善风险监管框架；采取迅速行动处理市场欺诈和不当行为；确保投资者和市场参与者有机会获得市场交易信息，提升交易公平与效率，如从2013年7月开始要求每个ATS提交交易活动信息，接下来将为投资者提供信息。

商品期货交易委员会。CFTC主要负责监管美国的衍生品市场——包括大宗商品期货、期权以及掉期。在过去的一年里，CFTC继续落实2010年Dodd-Frank法案，并实施了新的监管框架将场外掉期交易置入监管之下。具体而言，将大部分利率和信贷违约掉期交易引入结算；在监管和市场发展方面，要求超过100家掉期交易商（SDS）临时注册并遵守风险管理实践和商业行为标准。此外，对掉期执行设施（SEFS）以及掉期数据存储机构(SDRs) 也实施了注册等监管要求。此外，继续监督期货和期权市场，以确保市场安全和稳健经营。CFTC在2014财年进行了67项执法行动，发起超过240项调查，并处超过32.7亿美元的罚金。

市政债券决策委员会。在成立的三十九年以来，MSRB一直专注于为市政债券提供专业监管服务。伴随2010年Dodd-Frank法案的通过，MSRB在市政债券市场开始发挥更大的作用。国会要求MSRB对市政顾问（municipal advisors）实施一套全面的监管框架，包括一系列的标准和规则以保护州和地方政府及其他市政债主体的利益。2014年，MSRB在推行市政顾问（municipal advisors）管理框架推出了一些关键的举措。如提出市政顾问的四个核心规则要求，推出市政顾问专业资格考试等。此外，进一步提升交易价格透明度；进一步合理化监管流程，确保新的和现有市政债券法清晰，并与其他监管者监管条例一致，从而提升监管效率等；进一步加强市场教育工作。

（三）保险业监管

目前，纽约保险业监管主要分为三个层面：一是州立法机关制定的保险法规。《纽约州保险法》颁布于1892年，1939年重新编纂，目前共18章600余条，内容涵盖保险业的各个方面，是美国各州中最为完备的保险法。二是司法监督管理，主要由州立法院在保险合同双方发生纠纷后进行判定实现。三是行政监督管理，目前主要由纽约州金融服务局承担。2014年，纽约市保险业监管基本制度框架变化不大，监管机构主要关注于灾难预警反应、医疗保险覆盖面等等细节方面进行了明确。

五、金融消费权益保护工作情况

（一）美国金融消费权益保护机构

2008年次贷危机爆发后，美国迅速采取了一系列措施加强消费者保护。2010年7月正式生效的Dodd-Frank法案第十章明确规定设立消费者金融保护局（Consumer Financial Protection Bureau，CFPB），负责监管消费金融产品和服务，将原属美联储、联邦存款保险公司、货币监理署、储蓄机构监管办公室、全国信用社监管局，联邦贸易委员会以及住房和城市发展部的相关金融消费者保护职能予以整合。

消费者金融保护局于2010年9月开始筹建，2011年7月21日正式运行，局长由总统提名，参议院批准[①]，任期五年。消费者金融保护局目前内设6个部门，现有员工1 400余人。其主要职责有：制定法规，监管金融机构，执行联邦消费者金融保护法律规定；限制不公平、欺诈性或滥用性行为或做法；受理消费者投诉；推动金融教育；开展消费者行为研究；监测金融市场，识别影响消费者的新风险；执行打击消费金融领域歧视或其他不公正待遇的法律等。

消费者金融保护局负责监管的机构有：资产超过100亿美元的银行及信用社；住房抵押贷款、学生贷款和发薪日贷款机构（Pay Day lender），以及CFPB认定的大型参与者（larger participants）等。从2012年7月、10月起，又分别将征信机构、债务催收机构

①奥巴马总统2010年9月提名伊丽莎白·沃伦（Elizabeth Warren）女士担任顾问，负责组建CFPB。2011年7月，奥巴马总统在国会休会期间，提名理查德·科德威（Richard Cordray）担任局长，曾引发争议。

纳入其监管范围。

法律明确赋予消费者金融保护局相应权限及手段，以保证其独立性。一是相对独立的人事与财政权，具体运营不受美联储干预；二是规则制定权，其制定和发布规章方面不受美联储干涉，并有权独立向国会提交立法建议；三是现场检查权和行政裁决权，其现场检查人员数量占比接近30%，并可对违反消费者金融保护法律的行为人实施罚款，并提起民事诉讼。

（二）美国金融消费权益保护协调机制

法律仅赋予CFPB监管资产超过100亿美元的银行机构、信用社，以及非银行机构，而资产低于100亿美元的银行机构、信用社等仍由相应机构负责监管。如美联储目前仍负责监管银行控股公司和未向CFPB移交的银行业机构，并负责执行社区再投资法。

多头监管格局下，难免会产生监管重叠、责任推诿以及监管套利等，加大被监管机构的成本。为确保监管原则、标准的统一性，美国1979年3月成立了联邦金融机构检查委员会（Federal Financial Institution Examination Council，FFIEC），委员会成员包括FRB、FDIC、OCC、OTS、NCUA等负责人。委员会主席由各成员机构负责人轮流担任，每两年轮换一次。CFPB成立后也已加入。CFPB在制定消费者金融保护方面的法规时，应咨询委员会各成员的意见。

（三）美国金融消费纠纷处理机制

因金融消费者保护体系处于分散状态，相应的，美国金融消费纠纷处理体系也比较分散。不同金融消费者保护部门均受理其职责范围内的金融消费者投诉，如美联储下设的消费者和社区事务局（Division of Consumer and Community Affairs）就公布了免费投诉电话，并建立了投诉数据库。

消费者金融保护局主要通过互联网受理投诉①，受理量占比高达67%。同时，其开设免费投诉电话，使用180种以上的语言服务，但电话受理量占比仅为9%。

消费者金融保护局通常会对投诉进行筛查，发现未经金融机构先行处理的，会先转给相关金融机构，非职责范围内投诉会转给相应监管机构。消费者对金融机构的处理结果不满意时，可以向CFPB申请争议解决。

2014财年，CFPB共受理投诉250 700件，较2013财年增长了53%。其中，35%的投诉涉及债务催收、20%涉及贷款业务、18%涉及征信服务。

（四）美国金融消费者教育

消费者金融保护局非常重视金融消费者教育。2012财年，金融教育与消费者参与部门的开支为3 158.9万美元，约占CFPB总支出的5.5%。

消费者金融保护局主要利用四种方式加强消费者教育：一是设立专门内部机构——金融教育与消费者参与部，具体负责向消费者提供有关金融产品和服务的教育知识；二是设立消费者免费咨询电话，由专人负责为消费者提供金融消费资讯和服务；三是通过官方网站提供基础金融知识，为消费者一生中不同的人生阶段提供金融策划知识或针对

①CFPB网站上公布了银行账户及服务、信用卡、信用报告、抵押贷款、学生贷款等投诉种类，金融消费者分别登录不同类别进行投诉。

不同年龄段和文化程度的人群提出金融规划；四是增强与消费者的互动，金融消费者可通过网站提交金融服务的心得和教训，供其他人分享或借鉴。

此外，消费者金融保护局还努力推动制定国家金融教育战略，将金融相关知识纳入学生课程设计。其还注重利用社会资源开展金融消费教育，并通过开展网民行为研究和网民测试，了解消费者的需求、习惯以及兴趣。

2004年、2007年，美国参议院、众议院分别将每年4月指定为国家“金融扫盲月”。

六、信息服务市场发展情况

2014年，美洲的信息服务市场规模达到了121.3亿美元，主要集中在美国的纽约。美洲市场也是保持着两家争霸的格局，但有更多的信息服务商正逐渐崛起。彭博与汤森路透的市场份额占据着50%的市场份额，其中，彭博占到了30%左右，而汤森路透的市场份额大约为20%。其余的金融信息供应商包括英达数据（IDC）、辉盛（FactSet）、麦格希（S&P Capital IQ）、穆迪（Moody's Analytics）以及晨星（Morningstar）等，这些机构的市场份额正在逐渐提升。2015年4月17日下午彭博终端故障，几乎导致华尔街的崩溃，交易员们纷纷通过打电话来进行下单与交易，这使得更多的金融机构考虑引入更多的金融信息产品来应对这种情况的发生。

虽然竞争对手逐渐增多，彭博在2014年仍有着不俗的表现，依旧扮演着全球最大的金融信息数据供应商的角色。彭博2014年增加5 660台终端机，在全球范围内达到终端数量324 399台。2014年，彭博在金融信息服务业务的收入估计为84.76亿美元，同比增长7.40%。彭博布局于全球市场，在北美洲有着最大的市场份额（占其总营业收入约42.9%），在欧洲仅次于汤森路透（占其总营业收入约36.9%），在亚洲也有着不错的表现（占其总营业收入约20.2%）。彭博过去五年的复合增长率达到6.28%，超过全球金融信息市场的增长速度。

2010～2014年彭博主营业务收入见图3-8。

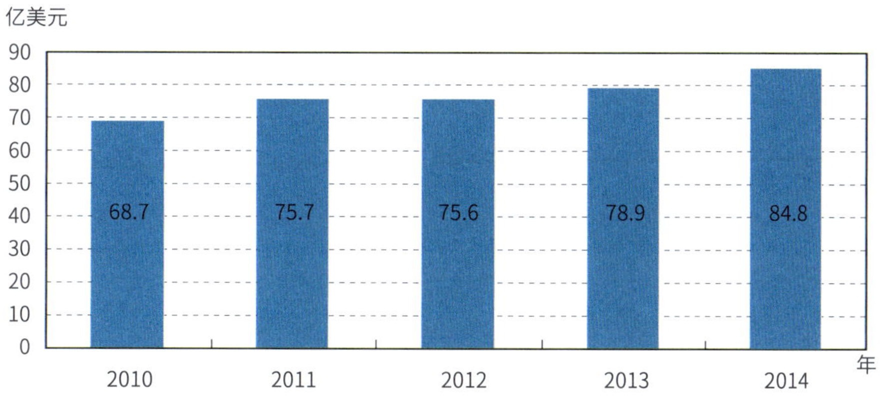

图3-8　2010～2014年彭博主营业务收入

彭博的股票与债券方面做得较为突出，对于华尔街等金融市场中的机构投资者有着非常大的吸引力。并且，彭博专注于终端机的维护与开发，其85%以上的收入来自于终端机，新闻资讯等服务仅为其为终端机构使用者及老百姓提供的附加服务，这是彭博与汤森路透的不同之处，也是彭博能够在成立三十年内成为全球最大的金融信息提供商的原因。

第四章
伦敦国际金融中心发展情况

作为全球最有影响力的国际金融中心之一，伦敦金融城的经济金融在伦敦乃至整个英国都占有突出地位。伦敦金融城的服务业高度发达，金融服务业和专业服务业更是最重要的支柱行业。伦敦金融城集聚了为数众多的具有全球重要影响力的银行、证券、保险机构及其辅助金融机构，金融市场高度成熟，在货币信贷市场、金融衍生品市场、股票市场、债券市场、基金市场、外汇市场和商品市场等均保持国际领先地位。国际金融危机爆发后，英国对金融监管格局作了大幅度调整，设立了归口英格兰银行管理的审慎监管局，负责对银行、证券、保险进行统一监管。伦敦金融城的成功既得益于优越的地理区位，也得益于不断完善的金融生态环境。

一、经济金融发展概况

伦敦金融城作为最成功的国际金融中心之一，是伦敦乃至英国经济增长的发动机。2013年，伦敦金融城总体附加价值（GVA）达486.6亿英镑，占整个伦敦GVA的15.2%，占全英国的3.6%。伦敦人均劳动产出为112英镑，是大伦敦地区平均产出的1.9倍，是英国平均产出的2.7倍。伦敦金融城周平均工资为1 014英镑，是大伦敦地区周平均工资的1.6倍，是全英国平均工资的2.1倍。

表4-1　伦敦金融城、大伦敦地区和英国经济社会概况

2013年	伦敦金融城	大伦敦	英国
总人口（千人）	7.5	8 414	64 107
就业人数（千人）	435	5 317	32 221
GVA（100万英镑，以2012年价格核算）	48 655	320 310	1 353 672
周平均工资（英镑）	1014	634	485
人均劳动产出（英镑）	112	60	42
失业率（%）	1.8	3.2	3.5

数据来源：*The Economic Outlook for the City of London, Oxford Economics*, April 2014。

专栏4-1　伦敦金融城概况

伦敦金融城（the City of London）① 位于大伦敦的中心，是当今世界最成功的国际金融中心之一。伦敦正好位于美国和亚洲时区中间，可以24小时不间断地进行交易，

①伦敦金融城是伦敦的“城中城”，在正式的行政区级别上，其与周边32个伦敦自治市（London Boroughs）共同组成“大伦敦”地区，但其又是名义上的独立郡。一般来说，作为国际金融中心的伦敦，指的就是伦敦金融城。

为众多国际金融市场和机构提供专业化的金融和商业服务。在历年公布的《全球金融中心指数》（The Global Financial Centers Index，GFCI）排名中，伦敦金融城始终居于前两位，在全球金融市场一直居于领先地位。

伦敦金融城面积仅1平方英里，在正式行政区级别上只是大伦敦30多个自治区之一，但伦敦金融城却是大伦敦地区（Greater London）②乃至整个英国经济增长的重要推手。2013年，伦敦金融城GVA达到486.55亿英镑，占整个大伦敦地区的15.2%，占英国的3.6%。国际金融危机后，伦敦金融城经济增速快于英国整体水平，成为全国经济增长的重要推动力。2009～2013年，伦敦金融城的就业率增长了24.3%，远高于2.3%的全国水平，平均年增速为5.6%。

伦敦金融城的常住人口只有7 500人，仅占大伦敦地区的总人口的0.1%，但提供了大量的就业机会。2014年，伦敦金融城就业人数超40万人，其中从事金融业和相关的支持服务业的人数为23.87万人，占全部就业人数的50%以上，较2013年增加5 500人。

英国经济的主要支柱产业是服务业，这一点在伦敦金融城尤为突出。2013年，伦敦金融城服务业的就业人数占了总体就业人数的98%。其中，金融服务业的就业人数占比为38%，居第一位。专业服务业就业人数占总数的比率为27%，居第二位。管理服务和地产业占比为12%，居第三位。

根据*Oxford Economics*在2012年做的一

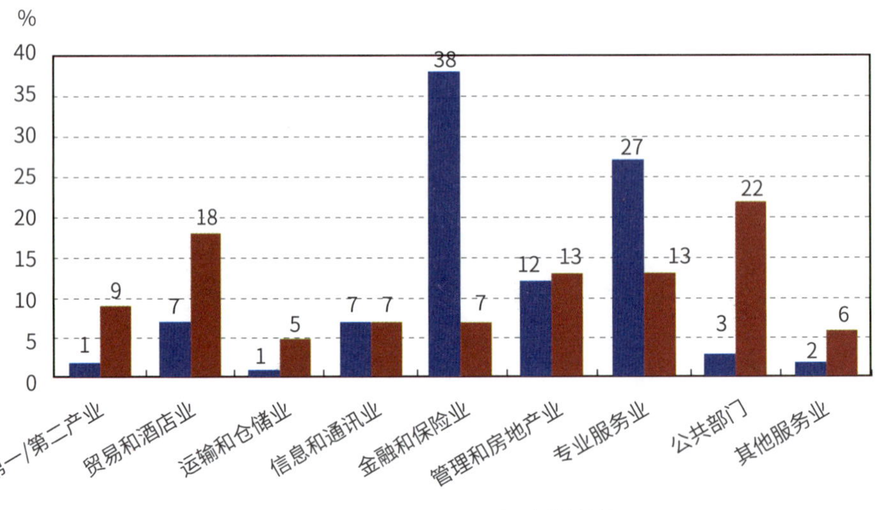

数据来源：*The Economic Outlook for the City of London*，*Oxford Economics*，April 2014。

图4-1　伦敦金融城和大伦敦地区2013年各产业就业人数占比

①大伦敦是英国英格兰下属的一级行政区划之一，但在英国行政制度中，其并不具有城市地位，其下有33个次级行政区，平时所说的伦敦多数指的是包括伦敦金融城和威斯敏斯特市的中心地区。

表4-2　伦敦金融城经济和就业产业结构

	GVA（10亿英镑，2010年价格）		单位劳动生产率（1 000英镑）		就业人数（1 000人）	
	2012	2013	2012	2013	2012	2013
第一/第二产业	0.6	0.6	67	65	8.9	9.2
贸易和酒店业	1.3	1.4	46	46	28.6	30.1
运输和仓储业	0.3	0.3	59	62	4.3	4.2
信息和通讯业	3.2	3.2	112	110	28.1	29.4
金融和保险业	31.3	31	188	186	166.7	167.2
管理和房地产业	3.7	3.7	73	68	50.2	54.4
专业服务业	6.7	7.5	63	63	106.4	118.7
公共部门	0.5	0.5	41	41	12	12.2
其他服务业	0.4	0.4	45	42	9.8	10
总额	48	48.7	116	112	415	435.3

数据来源：*The Economic Outlook for the City of London, Oxford Economics*，April 2014。

份就业调查，伦敦金融城就业人数最高前五位的行业均属于金融及专业服务业，分别是货币中介、法律服务、保险和养老基金辅助服务、金融辅助服务以及会计、审计和税务咨询，分别占总就业人数的16.0%、8.9%、8.7%、8.3%和5.8%。伦敦金融城和大伦敦地区2013年各产业就业人数占比见图4-1。

从行业结构看，金融服务业是伦敦金融城的支柱产业。2013年，金融服务业创造了伦敦金融城GVA中的64%，是伦敦金融城经济增长的最关键驱动力。排在第二位是专业服务业，2013年，其在总体附加价值中的占比为15%。金融服务业也是伦敦金融城劳动生产率最高的行业，2013年其单个职位创造的产出为18.6万英镑，而劳动生产率排名第二位的行业为信息和通讯业，其单个职位的产出为11万英镑。据*Oxford Economics*的预测，在未来十年中，金融服务业仍将占据金融城最重要的地位，创造伦敦金融城GVA增长值的一半以上，而专业服务业将提供至少1/4的GVA增长值。伦敦金融城经济和就业产业结构见表4-2。

二、金融服务业与金融机构①

（一）银行业

伦敦是最大的国际银行业务中心。像巴克莱银行、汇丰银行、渣打银行和苏格兰皇家银行等全球业界巨头的总部都设在伦敦。而花旗集团、德意志银行、美国银行、美林集团、摩根士丹利和JP摩根等在英国也都有大规模的业务。伦敦是最重要的私人和投资银行业务中心，约一半的欧洲投资银行业务通过伦敦进行。

2013年年底，英国商业银行（包括分支机构）的总资产为10.88万亿美元，排在中国、美国和日本之后，位居世界第四，而跨国银行持有其一半左右的资产。伦敦就有251家外国银行，占银行总数的3/4，这一数量居

①本节数据来源主要是TheCityUK网站，www.thecityuk.com，部分来自互联网公开信息。

表4–3　英国信贷金融机构资产负债

单位：100万英镑，%

	资产总额	负债总额	资产和负债总额	英国金融机构占比	其他欧洲国家占比	美国机构占比	日本机构占比
2012年年末	3 694 518	3 637 564	7 332 082	72.65	16.70	4.45	0.93
2013年年末	3 708 375	3 627 073	7 335 448	75.42	14.44	3.97	1.06
2014年年末	3 347 188	3 369 995	6 717 183	72.80	14.91	4.75	1.13

数据来源：英格兰银行网站，www.bankofengland.co.uk。

全球金融中心首位，凸显了伦敦金融业的国际化特征。

根据英格兰银行的统计，2014年年底，英国境内信贷金融机构（除央行外）的资产和负债总共达到6.72万亿英镑，其中，外资金融机构资产占英国金融机构总资产的27%左右，外资金融机构大多数来自欧洲，占有总资产的15%左右，其次是美国和日本的机构。英国信贷金融机构资产负债见表4-3。

（二）证券期货业

2013年，伦敦证券交易所集团的市值为44 290亿美元，在全球排名第四位，占比约为7%。英国股票市场市值与GDP的比例达到174%，为全球最高。伦敦证券交易所2013年IPO数量占全球的9%。2013年，共有529家外资公司在伦敦上市，超过纽约—泛欧交易所集团美国中心的519家和纽约纳斯达克的309家，是全球单个证券交易所中外国上市公司最多的交易所。

英国是全球领先的衍生品交易中心，伦敦有多家规模居于世界前列的衍生品交易所，包括伦敦国际金融期货交易所（NYSE Liffe①），在欧元短期利率期货交易上居全球领先地位；伦敦金属交易所（LME）是全球最大的有色金属交易所；欧洲期货交易所（ICE Futures Europe），是欧洲最大、世界第二大的场内能源期货交易所；伦敦绿松石期货交易所（Turquoise Derivatives London），主要从事欧洲和全球的股权衍生品交易；建立在伦敦的芝加哥商品交易所集团欧洲分部，是芝加哥商品交易所集团的第一个海外交易所，主要从事利率衍生品交易。

（三）保险业

英国保险业市场是一个高度资本化市场，由保险公司、劳埃德（Lloyd's Market）②、中介机构和各种各样的专业服务业公司组成。目前，在英国开展业务的保险公司总共达到976家（2013年3月），其中548家为其他欧盟成员国设立的分支机构，全英国保险业共有32万名从业人员，主要集中在伦敦和苏格兰，而保单处理和区域性的保险中心则各自分布在其他区域性中心。英国保险公司所管理的资金达1.8万亿英镑，几乎是其他任何欧洲国家的两倍③。

英国保险市场是欧洲最大和世界第三

①Liffe交易所先是于2002年被Euronext集团收购，其后Euronext和NYSE于2007年合并，Liffe改为NYSE Liffe。2013年，ICE（洲际交易所集团）收购NYSE Euronext，从而获得Liffe的所有权。.

②位于伦敦的劳埃德开业于1688年，是全球第一家保险公司，以经营高风险保险业务闻名于世，其业务遍及世界200多个国家和地区，92%的富时100指数公司和93%的道琼斯指数公司在劳合社投保。

③数据来源于*UK Insurance Key Facts 2013*，ABI，September 2013。

大的保险市场，2012年，英国保费净收入为3 110亿美元，位于美国和日本之后，英国保费收入占了全欧洲保费收入的24%[①]。2012年，英国保险商联合会（the Association of British Insurers, ABI）的成员公司在全世界的长期保费收入是1 647亿英镑，其中1/5来自海外。世界范围内的普通保险收入为468亿英镑，其中1/4来自海外。英国保险市场来自海外的保费收入大约占总收入的26%，大部分来自欧盟和美国。

伦敦保险市场位于伦敦金融城内，是一个独特的、与英国保险业分离的市场，是全球最大的国际贸易保险和再保险市场，同时也是全球唯一的世界二十大保险、再保险公司共同参与其中的保险市场。伦敦市场在全球保险业享有独特的地位，因为它为各地市场难以承担的风险提供了一个市场，包括可能包含复杂特征的保单。伦敦市场的主要经营者是保险公司、劳埃德、保赔协会（Protection & Indemnity (P&I) Clubs），以及经纪人。

专栏4–2　伦敦金融关联服务行业发展情况

英国是欧洲最大的法律服务市场，其服务费用收入占全欧洲的1/5，占了全球法律服务市场份额的7%。伦敦是全球最主要的国际法律服务中心，拥有大批国际法律服务公司，这些公司提供全方位的法律咨询服务，包括公司金融服务、公司商业法律服务、项目融资服务、资本市场服务以及税收与争端解决服务等，此外，一些法律公司还提供专业的航运和国际保险咨询服务。

伦敦拥有众多大型的跨国法律服务公司，2013年全球十大律师事务所中有8家是跨国律师事务所，它们在全球主要城市都有分支机构，其中有4家国际化律师事务所总部位于伦敦，分别是高伟绅律师事务所（Clifford Chance）、富而德律师事务所（Freshfields Bruckhaus Deringer）、年利达律师事务所（Linklaters）和安理国际律师事务所（Allen & Overy）。

在对外服务方面，伦敦最大的几家国际法律服务公司有45%～65%的律师在海外工作，其他许多中型法律服务公司也有10%～20%的律师在海外工作，在纽约这一比例大约为15%，从这方面来看伦敦法律服务业的国际化程度远远超过纽约。另一方面，伦敦大约有200家国外法律服务公司，其中超过50%来自美国，其余主要来自于欧洲、澳大利亚和加拿大等国。伦敦法律服务业的国际化还表现于其法律从业人员在国际法律服务上的专业素养，伦敦有超过1 200位律师加入全球商业律师协会和其他专业法律协会，在全球国际商法实践中占据重要地位。

争端仲裁也是伦敦法律国际化发展的一大特色。伦敦拥有全球最多的国际仲裁机构，且每年处理大量的国际商业争端案件，这些案件涵盖了海事、大宗商品贸易、

①保险市场数据主要来自*UK Insurance Key Facts 2014*，ABI。

金融服务和建设等领域。伦敦主要有5家大型国际仲裁机构，包括伦敦国际仲裁院（LCIA）、国际商会（ICC）仲裁院、伦敦海事仲裁员协会（LMAA）、有效争端解决中心（CEDR）和劳埃德公开研究会。

在会计服务和管理咨询方面，全球四大跨国会计师事务所在伦敦均设有区域总部，在伦敦会计服务业中占据主导地位。此外，伦敦还拥有大量规模相对较大的会计服务公司，如均富会计师事务所、柏德豪会计师事务所、金斯顿史密斯会计师事务所等，它们与四大会计师事务所一起共同为英国的会计服务业出口作出了巨大贡献。英国约有42.4万名会计师，其中约12万人在海外工作，英国2012年的会计服务业净出口额为6.52亿英镑。英国的管理咨询业为欧洲最大规模，占据了全球业务量的13%，2012年其净出口额高达55亿英镑。管理咨询业务主要集中在少数几家大中型跨国公司。

三、金融市场运行

英国金融市场是世界上最古老、规模最大、国际化程度最高的金融市场之一。英国金融市场主要集中在伦敦，伦敦是世界上最重要的国际金融中心之一。数十年来，英国和伦敦的多个金融市场始终保持世界领先地位。英国金融市场占全球市场的份额见表4-4。

（一）货币信贷市场

英国的货币市场经过两百余年的发展，从最初贴现市场占主导地位，到平行货币市场的出现与发展，并成为货币市场的中心和主体，再到欧洲货币市场和货币衍生品市场的发展，形成了发达、完整的货币市场体系。早期的贴现市场主要由国库券市场、短期资金拆借市场、商业票据市场和短期金融工具市场组成；平行货币市场由地方政府货币市场、银行同业市场、存款证市场和公司间市场组成。随着货币市场中各个子市场的发展，市场主体在各个子市场上交易活动的交叉化和市场利率的互动与相关性不断增

表4-4　英国金融市场占全球市场的份额

单位：%

年份	1992	1995	1998	2001	2004	2007	2010	2012	2013
银行跨境贷款	16	17	20	19	20	18	18	18	17**
外汇成交量	27	30	33	31	32	37	37	—	41*
交易所衍生品成交量	12	12	11	7	7	6	6	7	—
OTC利率衍生品成交量	—	27	36	35	42	44	46	—	49*
海事保险保费净收益	24	21	14	18	19	17	20	22	—
基金管理（英国发起）	—	—	8	8	8	9	8	8	—
对冲基金资产	—	—	—	9	22	22	19	18	18
私募基金	—	—	—	6	24	17	21	10	—

注：*代表该数据截至2013年4月；**代表该数据截至2013年9月。

数据来源：Key Facts about the UK as an International Financial Centre, June 2014, TheCityUK。

强，各个子市场之间的界限已日益模糊，贴现市场和平行货币市场逐渐融合，成为现在的英镑先令货币市场(pound sterling money market)[①]。

英镑先令市场的主要参与者包括银行、其他金融机构和非金融公司，其交易分为担保交易和无担保交易，交易工具包括存贷款、回购、商业票据以及大额可转让存单等。目前，先令市场在英格兰银行实现其货币调控和金融稳定政策目标中发挥中心作用，是中央银行实施利率政策和流动性供应的主要渠道。

根据英格兰银行的统计[②]，2014年11月，英镑先令市场的交易中，担保交易约占市场交易总额的74%（见表4-5），96%的抵押品为政府债券和银行票据。

表4-5 英镑先令市场日均交易量

单位：10亿英镑

	2011年		2012年		2013年		2014年	
	5月	11月	5月	11月	5月	11月	5月	11月
无担保交易	34	36	46	45	47	43	45	35
担保交易	90	86	98	104	104	88	90	100
无担保借款	34	37	45	45	47	42	44	35
无担保贷款	5	4	4	3	3	2	2	2
担保借款	78	75	85	90	88	72	74	81
担保贷款	57	63	66	60	65	51	51	62

数据来源：英格兰银行，www.bankofengland.co.uk。

专栏4-3 LIBOR: 伦敦国际金融中心的基石

LIBOR是伦敦同业拆借利率（London InterBank Offered Rate）的英文缩写，是大型国际银行愿意向其他大型国际银行借贷时所要求的利率，由英国银行家协会（BBA）计算公式和公布。LIBOR包括隔夜至1年期15个期限品种及英镑、欧元、美元等10个主要货币，期限品种以3个月和6个月为主。BBA针对每种货币均成立一个LIBOR利率报价小组，由包括瑞士银行、花旗银行、巴克莱银行、苏格兰皇家银行等在内的16家国际银行向BBA提交各自的借贷利率估值，BBA对16家国际银行的报价进行排序，去除最高值和最低估值后，选取中间8个估计值计算平均值，从而得出每天的LIBOR值，并在伦敦当地时间中午11:30前进行公布。

20世纪80年代，随着伦敦银行间借贷

①自20世纪60年代起，先令市场得以成长，主要得益于商业票据、地方政府票据(等同于市政债券)及银行定期存单工具的发展。
②资料来源：*The Money Market Liaison Group Sterling Money Market Survey*，2014H1，the Bank of England。英格兰银行每年两次公布这一统计报告，分别是5月和11月。

市场迅猛发展，包括利率互换、远期利率协议、期权等金融衍生工具日趋活跃，伦敦银行间市场交易量快速增长，这就需要市场提供一个具有公信力的交易利率标准。1984年BBA牵头成了工作小组，并推出了“英国银行家协会利率互换条款”（BBAIRS），即为LIBOR前身。1985年9月，它开始成为市场普遍采用的交易标准，LIBOR逐渐被使用和发展起来。时至今日，LIBOR作为全球最重要的基础利率之一，影响着大量互换和期货合约、大宗商品、衍生品、个人消费贷款、房屋抵押贷款以及其他交易，是一个规模以万亿美元计算的金融交易市场的基础。LIBOR在国际金融市场的地位也显得越来越重要，有超过20%的国际银行间借贷业务和超过30%的外汇交易在伦敦进行。特别是在OTC市场，LIBOR被广泛地应用于互换、贷款、结构性债券、外汇交易和其他固定收益证券产品合约，已成为国际金融市场的一种主要基础利率。

LIBOR对于市场的影响主要体现在两个方面：一方面，作为银行从银行间市场上拆借资金进行转贷的融资成本，LIBOR已成为国际金融市场大多数浮动利率计算的基础利率，其定价直接影响全球金融衍生品，如利率期货、利率调期、工商业贷款、个人贷款及住房抵押贷款等金融产品的定价。据统计，全球有超过800万亿美元的金融产品或贷款与LIBOR挂钩，LIBOR每变动1个基点（BP），就可能在全球范围内造成数百万美元的利润或亏损。另一方面，LIBOR对各国中央银行的货币政策也有明显影响。很多国家的中央银行的政策目标是盯住LIBOR，确保基准利率围绕LIBOR在一定范围内波动。英国、瑞士等国家的中央银行通过在货币市场上买卖债券或票据间接引导LIBOR乃至整个利率体系向其所期待的目标发展，最终实现其调控意图。

当然，LIBOR确定机制自身存在缺陷，最主要的就是报价银行的数量较少，缺乏代表性。LIBOR是根据16家大型银行每日上报的对不同期限、不同币种贷款的资金成本计算得来。由于LIBOR每天会产生覆盖10个币种和15种期限的共150个利率，银行对这150个产品都发生实际交易并确定一个实际交易利率的可能性较小，因而LIBOR的结果就会含有一定的主观因素，从而具有被人为操纵的可能。2012年发生的巴克莱银行操纵LIBOR丑闻事件逐渐演变成为一场风暴，更多的国际大银行甚至政府部门被卷入其中，LIBOR的信誉度受到重创，一定程度上影响了伦敦的主要国际金融中心地位。

据英格兰银行统计，2014年年末，英国金融机构贷款余额为21 546亿英镑，同比减少714亿英镑。扣除OFC之间借贷的贷款余额为18 472亿英镑，同比增加50亿英镑。2013年年末和2014年年末英国金融机构贷款余额见表4-6。

（二）金融衍生品市场

根据国际清算银行（BIS）2013年4月公布的三年一度的调查报告显示①，英国是全球最大的场外（OTC）利率衍生品交易中心，其日均交易量占全球的49%，位列第一。利

①*Triennial Survey of Foreign Exchange and Over-The-Counter Interest Rate Derivatives Markets*, BIS , April 2013。

表4-6 2013年年末和2014年年末英国金融机构贷款余额

单位：亿英镑

	未经过季节调整的贷款余额		季节调整后贷款余额	
	全部机构	剔除OFC之间拆借	全部机构	剔除OFC之间拆借
2013年年末	22 260	18 422	22 278	18 441
2014年年末	21 546	18 472	21 557	18 482

数据来源：英格兰银行，www.bankofengland.co.uk。

率衍生品的交易工具可分为利率远期协议（forward rate agreements，FRAs），利率互换和利率期权。2013年4月，英国利率衍生品平均每天的交易量为13 480亿美元，较2010年上涨9%，其中，FRA日均交易量为4 730亿美元，上涨24%，占市场份额的35%；利率互换日均交易量为7 960亿美元，上涨8%，占市场份额的59%；利率期权日均交易量大幅下降了30%，为800亿美元。

相对2010年，2013年其他金融机构客户的日均交易量大幅增长了67%至7 340亿美元，占总量的54%，而报告交易商和非金融机构的交易量分别下跌了17%和25%，占总量的41%和5%。本土交易占比从2010年的35%上升至2013年的54%，日均交易量为7 310亿美元，而跨境交易日均交易量为6 170亿美元，下跌了24%。

欧元是OTC利率衍生品市场上的主导货币，占总交易量的69%，英镑和美元的占比分别为14%和8%。场外衍生品市场的集中度有所下降，衍生品交易量最大的前十个机构占了总交易量85%的份额，低于2010年的92%。英国利率衍生品OTC市场数据见表4-7。

除场外市场外，位于伦敦的NYSE Liffe交易所为顾客提供短期利率、股票、指数、互换、政府债券、商品和货币等一系列衍生品。其欧元短期利率期货交易在全球居于领先地位，2013年NYSE Liffe Europe的成交量为9.42亿张合约，较上年减少1.5%，其3个月期欧元利率期货合约成交量为2.38亿张，较上年增加了33.4%，在全球利率期货成交量中居第四位，其3个月期英镑先令期货合约成交量为1.44亿张，较上年增加了25.6%，在全球利率期货成交量中居第七位[①]。

（三）资本市场

1. 股票市场

伦敦证券交易所提供四个证券市场，分别是主板市场（Main Market）、另类投资市场（Alternative Investment Market，AIM）[②]、专业证券市场（Professional Securities Market）[③]和专业基金市场（Specialist Fund Market）[④]。

伦敦证券交易所交易的证券范围很广，包括英国及国际股票、债务、备兑权证（covered warrants）、交易所交易基金（ETFs）、不动产投资信托（reits）、固定

①数据来源：*Commodity and Interest Rate Trading Push Trading Higher in 2013*，FIA Annual Volume Survey。

②伦敦证券交易所在1995年为成长性小公司设立的市场，以代替非上市证券市场（the unlisted securities market）。

③交易上市的债务和存单等证券的市场。

④专业投资机构进行交易的市场。

表4-7 英国利率衍生品OTC市场数据

单位：10亿美元，%

	2004年	2007年	2010年	2013年
		日均交易量		
总量	563	957	1 235	1 348
FRAs	170	154	382	473
利率互换	299	710	739	796
利率期权和其他工具	94	93	114	80
		交易对手方占比		
报告交易商	59	50	54	41
其他金融机构	37	44	36	54
非金融机构	4	6	10	5
本土交易	34	25	35	54
跨境交易	66	75	65	46
		交易币种日均交易量		
美元	116	144	186	110
欧元	325	487	668	928
日元	13	66	86	13
英镑	78	169	234	190
瑞士法郎	6	6	12	12
加拿大元	2	1	6	1
澳大利亚元	4	3	7	26
瑞典克朗	0	0	9	24
其他	18	81	29	43

数据来源：*Triennial Survey of Foreign Exchange and Over-The-Counter Interest Rate Derivatives Markets*, BIS , April 2013。

利息、差价合约（contracts for difference，CFDs）以及存单等。

伦敦证券交易所主板市场股票市值在2014年年底达到39 651亿英镑。在主板市场上上市的公司有1 269家，另类投资市场市值为714亿英镑，有1 104家公司报价。英国股票市场主要以大公司为主。在2014年年底，有151家公司的市值超过20亿英镑，其市值占了主板市场总市值的86.5%①。

2. 债券市场

英国证券市场包括以下几部分：（1）政府证券。政府通过发行英国政府债券筹集资金。截至2006年9月底，已发行英国政府债券余额总共约为4 250亿英镑。（2）其他英国固定利息证券。除了英国政府债券以外，有许多可在伦敦证券交易所交易的其他国内固定利息证券。包括固定利息可转换债券、优先股，以及其他由公司、地方政府和银行

①数据来源：伦敦证交所网站，www.londonstockexchange.com。

发行的债券。剩余的固定利息债券包括联邦政府公债（Common wealth government stocks）以及一些优先股和可转换股份。2006年年末，公司债余额总计达120亿英镑，商业银行和其他金融机构债的余额总计达1 920亿英镑。（3）国际债券。伦敦是国际债券发行和交易的中心，截至2012年年底，以英国为发行地的国际债券（International bonds of UK-based issuers）余额达3.5万亿英镑，占全球国际债券余额的16%，仅次于美国欧洲债券（the US Eurobonds），位居第二。伦敦的国际债券交易量居全球之首，占二级市场交易量的70%左右[①]。

3. 基金市场[②]

英国的基金业管理规模仅次于美国和日本，是全球第三大基金管理国家，2012年英国基金管理的资产为创纪录的5.4万亿英镑。英国的基金管理具有很强的国际导向性，在英国的基金管理机构有许多来自境外，英国基金投资的资产有许多是海外证券，基金管理的海外客户资产总量近2万亿英镑。

2012年年末，传统投资基金全球资产为87.2万亿美元，其中，美国占据39.6万亿美元，占比为46%，英国排在第二位，共有7.3万亿英镑，占比8%。其中，英国养老基金的全球占比为10%，仅次于美国；其保险基金的占比为11.7%，低于美国和日本，位居世界第三；其持有的共同基金约1万亿英镑，全球占比为3.7%。2012年年末主要发达国家传统基金管理资产额和全球占比见表4-8。

在对冲基金方面，伦敦是全球第二、欧洲第一大对冲基金管理中心，约占全球份额的18%，较十年前翻了一番。2013年，约有800家对冲基金驻扎伦敦，管理着欧洲85%的对冲基金资产。伦敦还是全球领先的对冲基金服务中心，为全球对冲基金提供管理、机构经纪（prime brokerage）、托管和审计等服务。

英国还是欧洲最大的主权财富基金集聚中心，全球较大的主权财富基金如科威特投资局、文莱投资局、阿布扎比投资局和新加坡淡马锡投资公司都在伦敦设置了机构代表

表4-8　2012年年末主要发达国家传统基金管理资产额和全球占比

单位：10亿美元，%

	养老基金	保险基金	共同基金	传统基金总额	各国占比
美国	18 914	7 689	13 045	39 648	46
英国	3 304	2 984	986	7 274	8
日本	1 582	4 200	738	6 520	8
法国	237	710	1 473	2 420	3
德国	210	1 499	328	2 037	2
其他国家	9 653	8 481	10 267	29 301	33
总量	33 900	25 563	26 837	87 200	100

数据来源：*Key Facts about the UK as an International Financial Centre, June 2014*, TheCityUK。

①数据来源：The City UK网站，www.thecityuk.com。

②基金市场数据主要来自*Key Facts about the UK as an International Financial Centre, June 2014*, TheCityUK。

处，此外，伦敦还为基金管理提供相关清算服务。近年来，英国还发展为主权财富基金投资的对象国，从2005年起，全球1/6的主权基金直接投资于英国。

英国的私募基金市场是除美国外最发达的市场，伦敦是欧洲最大的私募基金管理中心。2012年，英国私募基金投资额占全球总量的10%，而基金筹集总量占全球的6%。在过去的二十年中，英国私募基金已在全球3万家公司投资了超过2万亿英镑。

（四）外汇市场①

英国的外汇市场主要是场外市场，由即期、直接远期（outright forwards），以及外汇互换等市场交易构成。英国外汇市场的参与者有商业银行、跨国公司、投资银行、证券交易所、共同基金、养老金、对冲基金、货币基金（currency funds）、货币市场基金、建筑协会、租赁公司、保险公司、企业的金融子公司，以及中央银行。另外还有公司和政府。

英国外汇市场的交易规模在全球外汇市场中居于首位。2013年4月，英国外汇市场平均每天的交易量为27 260亿美元，较2010年4月的18 540亿美元增长了47%。在全球各个外汇市场中，英国的交易量增长最快，占据最大外汇交易中心的地位。2013年英国占全球外汇市场份额的41%，2010年这一份额为37%。英国外汇市场的大部分交易属跨境交易——占2007年4月全部交易量的68%。

从交易工具来看，2010年至2013年，外汇互换日均交易量增长了45%，并占了2013年交易总量的41%。外汇即期交易增长了48%，占了2013年交易总量的38%。增长最快的交易工具是货币互换（currency swaps），三年来日均交易量增长了77%，但其在交易总量中仅占1%。

在英国外汇市场上，其他金融机构类客户②交易量增加了66%，占交易总量的53%。而非金融机构的交易量下跌了36%，占交易总量的比重从2010年的10%，下跌至2013年的4%。包括其他金融机构和非金融机构的客户交易占了交易总量的57%，这一比重与2010年相同。本土交易在三年中增长了1倍，占了交易总量的40%，而跨境交易增长了25%。

美元是英国外汇市场上占主导地位的货币，2013年，单边美元计价的交易占所有交易的88%；欧元占比37%，日元占比23%。美元/欧元仍然是交易最多的货币对（currency pair），占所有外汇交易的28%。美元/日元在总交易额中的份额增速最大，达到106%，占交易总量的19%。

从表4-9可知，英国外汇市场的集中度略有下降，2013年，外汇市场交易量最大的前十家机构所占份额为76%，2010年这一份额为77%。但英国外汇市场仍然是一个竞争和开放的市场，美资金融机构占交易量约半数份额。英国外汇市场被美资机构所主导，占交易份额的48%。

①本部分数据均来自*Triennial Survey of Foreign Exchange and Over-The-Counter Interest Rate Derivatives Markets*, BIS , April 2013。

②这类交易对手方包括非报告类银行、证券经纪商、对冲基金、共同基金、养老基金、保险公司和中央银行。

表4–9　2013年英国外汇市场数据表

单位：10亿美元，%

	2004年	2007年	2010年	2013年
		日均交易量		
交易总量	835	1 483	1 854	2 726
即期	223	335	697	1 032
直接远期	103	124	228	309
外汇互换	428	899	775	1 127
货币互换	16	18	18	32
期权和其他工具	67	106	135	227
		交易对手方占比		
报告交易商	67	45	44	43
其他金融机构	25	42	47	53
非金融客户	8	13	10	4
本土交易	31	31	29	40
跨境交易	69	69	71	60
		交易币种占比		
美元	88	88	85	88
欧元	43	42	44	37
日元	16	15	17	23
英镑	27	21	18	16
澳大利亚元	4	4	6	8
瑞士法郎	6	6	6	5
加拿大元	3	3	4	4
其他货币	13	21	20	20
全部货币	200	200	200	200

数据来源：*Triennial Survey of Foreign Exchange and Over-The-Counter Interest Rate Derivatives*。

（五）商品市场

1. 商品期货市场

位于伦敦的几家大型衍生品交易所交易量约占全球商品期货交易额的15%。这些大型交易所包括欧洲最大的软商品（soft commodities）交易所NYSE Liffe、全球领先的有色金属交易所LME以及欧洲最大的能源产品交易所ICE期货欧洲交易所（ICE Futures Europe）。英国还有数个国际商品组织，比如，国际咖啡组织（International Coffee Organisation）、国际可可组织（International Cocoa Organisation）、粮食和饲料贸易协会（The Grain and Feed Trade Association）和国际糖业组织（International Sugar Organisation）。伦敦商品市场的参与者包括这些期货交易所、国际商品贸易公司、投资银行和从事商品期货的金融机构等。

伦敦金属交易所（LME）提供铝、铜、镍、锡、锌和铅等有色金属的期货和期权合约。2005年，LME推出世界第一份塑料期货合约；2007年推出了聚乙烯和线性低密度聚乙烯（linear low density polyethylene）的区域性合约。2013年，LME合约成交量为1.71亿张，较上年增长7.1%，其未平仓合约数为195万张，较上年增加3.2%[①]。其中，高等级原铝期货（High Grade Primary Aluminum Futures）成交合约数为6 377万张，较上年增长7.9%，在全球金属期货成交量中居第四位；A级铜期货（copper grade a Futures）成交合约数为4 049万张，较上年增长12.9%，在全球金属期货成交量中居第七位；高等级锌期货（special high grade zinc futures）成交合约数为3 027万张，较上年增长2.4%，在全球金属期货成交量中居第九位。

ICE期货欧洲交易所是全球能源市场领先的完全电子化的期货和期权交易中心。ICE提供一个交易平台，允许参与者交易多种能源期货产品，并进行风险管理服务。目前，该交易所期货产品有以下几类：原生及精炼产品（Crude & Refined Product），煤、排放物（Emissions）、天然气及电力（Natural Gas & Power）。2013年ICE期货欧洲交易所的合约成交量为3.15亿张，增长了11.8%，其未平仓合约数为902万张，较上年增加8.2%。ICE布伦特原油期货和WTI原油期货成交量分别居全球能源期货成交量的第一位和第六位，其2013年成交合约数分别为1.59亿张和3 611万张，较上年分别增长7.9%和8.9%。

2. 伦敦金银市场

伦敦金银市场由伦敦金银市场协会主办（the London Bullion Market Association，LBMA）。这不是一家交易所，而是一家金银市场的代表性机构，该市场的成员包括银行、制造商、提炼者、运送商和经纪商。LBMA成员被分为做市商，包括所有的每日两次黄金议价（gold fix）的参与者，以及普通成员。

金银交易大部分发生在场外市场。伦敦是迄今为止全球最大的贵金属场外交易中心，纽约和苏黎世居后。交易所交易近些年增长很快，但交易量主要发生在纽约的COMEX和东京的TOCOM交易所。

尽管金银的有形市场分布在全球，大多数场外批发交易是通过伦敦清算的。在伦敦金银市场协会（LBMA），黄金和白银2014年3月平均每天的清算量分别为1 890万盎司（价值253亿美元）和13 400万盎司（28亿美元）[②]。LMBA每3.7天的黄金清算量相当于一年黄金的产量，每6.5天的白银清算量相当于一年白银的产量。

3. 碳排放交易市场

英国是全球碳排放权的交易中心，是全球清洁发展机制（Clean Development Mechanism，CDM）[③]的主要投资方，购买了全球约29%的CDM项目，全球最大的13家CDM项目购买方中有7家都是英国机构。

---

①本部分数据主要根据期货行业协会（Futures Industry Association，FIA）的统计，见*Commodity and Interest Rate Trading Push Trading Higher in 2013*，FIA Annual Volume Survey。

②数据来源：*Key Facts about the UK as an International Financial Centre*, June 2014, TheCityUK。

③清洁发展机制 (Clean Development Mechanism，CDM)，是《京都议定书》中引入的灵活履约机制之一。核心内容是允许附件1缔约方（即发达国家）与非附件1缔约方（即发展中国家）进行项目级的减排量抵消额的转让与获得，在发展中国家实施温室气体减排项目。

位于伦敦的欧洲气候交易所（European Climate Exchange，ECX)在欧洲碳排放交易系统（EU ETS）期货和期权交易中居于领先地位。此外，英国还是可再生能源市场（the renewables market）的主要股权融资中心，在伦敦证交所有117家清洁科技公司（cleantech companies）上市，共募集资金100亿英镑①。

专栏4–4　伦敦致力于打造人民币国际业务的“西方中心”

伦敦金融城的人民币业务中心计划于2012年4月18日正式启动。其目标是把伦敦打造成为人民币离岸业务的“西方中心”，与香港及其他金融中心相辅相成，扩大人民币在国际贸易和投资中的使用。伦敦金融城人民币计划的现有成员均为在全球拥有重要地位的国际知名银行，包括中国银行（英国分行）、中国建设银行（英国分行）、中国工商银行（英国分行）、汇丰银行、渣打银行、巴克莱银行、苏格兰皇家银行、德意志银行、摩根大通银行、花旗银行、中国农业银行（英国分行）、澳新银行和中国交通银行（英国分行）。由英国财政部、英格兰银行和英国金融服务局担任该计划的观察员。

伦敦金融城人民币计划的组织结构为：督导委员会指导伦敦金融城人民币计划的工作，每季度举行一次会议；专家咨询组每月举行例行会议，并向督导委员会报告，渣打银行和汇丰银行共同主持该委员会工作。另有三个工作组汇报给专家咨询组：清算安排基础设施工作组每隔一个月开会，其目标是保证人民币清算系统能够满足伦敦市场需求，摩根大通银行领导该工作组；市场、产品及服务工作组每季度开会，甄别当前伦敦/欧洲的人民币主导产品及服务，以及未来所需，该工作组议会由汇丰银行和德意志银行共同主持；宣传和市场营销工作组每个月举行一次会议，旨在向企业和投资者宣传推广伦敦的离岸人民币市场，渣打银行主持该工作组会议。

2012年11月，中国建设银行通过其伦敦子行在伦敦发行25亿元人民币的点心债（离岸人民币债券），这是中资银行首次在伦敦发行的人民币债券。2013年2月，英格兰银行与中国人民银行签署货币互换协议，英格兰银行行长确认将与中国人民银行讨论设立3年期人民币/英镑货币互换安排。2013年10月，第五届中英财金对话宣布了一系列促进中英关系的重大成果，包括伦敦800亿元RQFII额度的确认，开始关于中国批发银行在伦敦设立分行话题的讨论，英镑和人民币直接可兑换等成果。2013年12月，伦敦金融城人民币业务最新数据发布（2013年1月至6月）。数据显示，2013年上半年，伦敦人民币离岸市场保持快速增长态势，伦敦市场的人民币产品和服务品种也在不断增加。2014年3月底，英格兰银行和中国人民银行正式签署了在伦敦建立人民币清算安排的合作备忘录，这有助于增强伦敦市场信心，鼓励更多在英企业在国际贸易中使用人民币。

---

①数据来源：*Key Facts about the UK as an International Financial Centre, June 2014*, TheCityUK。

四、金融监管

2012年12月，英国国会通过的《金融服务法》（Financial Service Act），撤销金融服务局（FSA），其职能分别由审慎监管局和金融行为监管局（Financial Conduct Authority，FCA）承担。英格兰银行通过审慎监管局（Prudential Regulation Authority，PRA）牵头负责维护金融稳定。2013年4月1日，FSA正式生效，标志着新的金融监管体制正式开始运行。

审慎监管局的组建反映了英国政府在金融监管方面的新思路，包括拓展审慎监管的范围、改变监管方式、充实监管资源和提高监管独立性等。审慎监管局的监管范围不局限于吸收存款类金融机构和保险公司，而是拓展到具有系统重要性的投资银行。其监管对象包括信用社、零售银行、建筑互助协会、保险公司以及指定的投资公司等金融机构，目前监管对象达到1 700余家。

2013～2014年，在英格兰银行的指导下，PRA工作重心是防范和化解PRA执行董事会所识别和确定的主要风险。主要工作包括：一是提供有效的银行监管，并加强与英国和海外其他监管机构合作。二是提供有效的保险监管，与其他监管机构合作，推动达成PRA总体目标以及加强保单持有人保护目标。三是影响和落实政策，推进PRA的监管议程的实现。四是加大投入，提高PRA识别监管对象所处环境和隐藏风险的能力。五是建立PRA文化和培养监管队伍。

在监管方法方面，PRA重点监管大型公司以及影响英国金融稳定的主要风险，这些公司受到监管部门持续评估。约1 200家的小型企业（规模较小的银行和建筑协会、信用社、规模较小的国内保险公司和一些海外银行）由PRA按组别进行监督，并评估可能会出现的银行和保险业的细分风险。PRA通过个人意见、行业活动论坛、利益相关者参与贸易专业机构和PRA协商进程等四种方式积极从监管对象获取其监管框架和方法的有效性和质量的反馈。自2013年4月至2014年2月，PRA接受了123件投诉，大部分（99%）投诉涉及单一问题。投诉专员收到五宗关于PRA的投诉，将在PRA完成监管行动后开展调查活动。在过去的一年中，PRA与英格兰银行其他部门相互协作，努力提高英国的银行和建筑协会持有资金的数量和质量，PRA修改目前的流动性机制的各个缺陷。对于保险公司监管，PRA的工作专注在将于2016年推出新的欧洲规则。

在压力测试方面，2013年以来，PRA进行跨银行、建筑协会和保险公司的压力测试，重点是特定公司和部分行业的定性和定量压力测试。值得一提的是，PRA完成了对人寿保险公司的标准化压力测试，这有助于评估资本充足率，识别行业风险可能会对金融稳定所构成的威胁。从测试结果发现，由于年金业务占行业的资产负债表中的比例越来越大，寿险业是越来越容易受到信用风险事件的影响。

在国内金融改革方面，PRA协助财政部制定“金融服务的发展法案（2013）”，建立零售银行业务与批发和投资银行活动的“绝缘防范”地带，旨在减少服务中断风险，如由于企业破产造成的存款提取服务和支付服务的停止。2013年6月，英国议会银行标准委员会公布最终报告，向政府、监管机构及行业机构提出建议，旨在纠正原有标准的缺陷。其中许多建议给了PRA，并通过参与政府制定银行改革法案加以吸收。该委员会报告的部分章节关注银行内部改革和治理，建议采用新的薪酬准则。在2014年3月，PRA发出薪酬准则，要求所有PRA授权公司修改就业合同，使得可以追溯六年前的报酬。

在国际金融监管合作方面，英国拥有世界上最大的金融中心——伦敦金融城。PRA对银行和保险公司的国际标准的制定贡献卓著。PRA与保险监管国际协会（IAIS）合作，开发一套评估标准，以确定全球系统重要性保险，并且建立政策框架，防范和化解它们带来的风险。在2013年7月，PRA与金融稳定委员会一起公布了具有系统重要性的公司名单，其中包括两家英国公司（英杰华和保诚）。PRA与巴塞尔银行监管委员会紧密合作，加强银行监管，确定全球系统性重要银行，促使国际社会努力解决“太大而不能倒闭”的问题。英国还参与了EBA为落实更高的资本缓冲的立法，使企业降低失败的概率。在2013年11月，英国四大银行被指定为全球系统（汇丰银行、巴克莱银行、苏格兰皇家银行和渣打银行）。PRA与英格兰银行董事会和金融稳定委员会合作，寻求发展全球系统重要性银行的解决策略。作为这些战略的发展过程的一部分，PRA在年内成立了一系列跨境危机管理小组。在2013年12月，PRA公布的复苏和解决规则，目的是在一个公司面临危机的情况下，进一步做好预警和处置准备。

五、金融消费权益保护工作情况

英国的金融消费权益保护由金融行为监管局负责，其在英国财政部和议会的领导下开展工作，承担金融消费者保护职能，负责约26 000家金融机构的行为监管和PRA监管范围外的约23 000家金融机构的审慎监管。此外，从2014年4月1日开始，FCA将接手对消费信贷行业的监管，预计新增50 000家被监管机构。《金融服务法案》把FCA的战略目标定义为保证相关市场良好运行。为实现这一战略目标，FCA设定了三大操作目标。（1）金融消费者保护目标——确保适度的金融消费者保护；（2）诚信度目标——保护和提升英国金融市场的诚信度；（3）竞争性目标——从金融消费者利益角度出发促进金融市场的有效竞争。

FCA将“消费者是监管核心”的理念始终贯穿监管全过程，采取了多种措施和方法不断加强金融消费者保护。其针对所监管的机构与人员构建了事前审批—事中监管—事后处罚的基本监管框架。

事前审批环节。在审批环节，FCA充分管好“入口”，要求新设立机构、实际控制人变更、业务许可变更等事项均需进行事前许可，确保新进入者不会对消费者形成不可承受的风险，保护消费者免受非许可业务带来的伤害。FCA的许可部门通过设定“阈值条件”（Threshold Conditions）对金融机构的办公地点、有效监管、运营资源及商业模式进行综合判定，一旦金融机构无法让FCA信服其业务模式不会对消费者带来风险，FCA一般会拒绝其业务申请。

2014年，FCA拟在事前审批环节对银行业从业人员个人责任增设新监管框架，新监管框架的主要内容包括：一是出台新的高管人员制度，进一步明确银行高层的责任分工，强化监管机构和银行对高管人员的审查和管理；二是建立认证机制，要求银行对处在可能导致银行和消费者利益受损的员工进

表4–10 FCA履职表现评估框架

法定目标	确保相关市场良好运行					
	确保适度的金融消费者保护		从金融消费者利益角度出发促进金融市场有效竞争		保护和提升英国金融市场的诚信度	
成果	金融机构兑现承诺，为消费者提供公平的产品和服务	消费者对金融机构能够公平对待他们和快速高效解决他们的问题充满信心	竞争有利于提升效率和使金融机构不利用消费者的行为偏差	金融机构在服务成本和质量上展开竞争并对消费者充分进行信息披露	消费者信任被许可的金融机构能够确保他们的资产安全以及金融市场是公平和不被滥用的	FCA成为能够使金融机构了解立场并有助于提升金融市场吸引力的受人尊敬的监管体系重要组成部分
指标	公平的产品和服务	建立信任和契约	物有所值的产品和服务	有竞争力的市场	公平和受监管的市场	金融市场吸引力
	改善消费者体验	有效的救济措施	获得更好的服务	清晰有用的信息	金融犯罪率低	受人尊敬、成熟老练的监管

行适度性评估；三是设立新的行为守则，对银行员工提出更高要求的原则。

事中监管环节。在事中监管环节，FCA的监管体系以“分类监管”与“三支柱监管”两条腿走路。

FCA根据机构的性质、规模、市场影响力等因素将机构分为C1～C4四个等级。其中，C1类涵盖11家具有重大市场影响力，面对大量消费者的银行与保险集团，如汇丰银行与摩根大通等公司；C2类涵盖111家具有一定市场影响力，面对较大规模消费者的金融机构，如渣打银行、保诚集团等公司；C3类涵盖350家经营零售与批发业务的中等规模金融机构，如中型银行、基金、保险公司等；C4类涵盖25 000家以上经营零售与批发业务的小型规模金融机构，如独立财务顾问、股票经纪商等。

同时，FCA设立关于事中监管的三支柱（three pillars），分别为：（1）金融机构系统评估框架（Firm Systematic Framework，FSF），FSF由FCA的监管部门具体实施，将对金融机构的业务模式、风险控制、售后服务乃至企业文化等进行评估分析，以检查和识别金融机构是否将客户利益和市场的健全性置于商业运行的核心地位。FSF最初将只用于评估最大型的零售类存款机构，现已扩展至C1～C3三类机构，其中，C1类机构每年进行两次深入评估（deep dive），C2类机构每两年内进行两次深入评估，C3类机构则每四年开展一次定期评估（periodic assessment）。（2）事件驱动监管（event-driven supervision），当风险逐渐显现或已经产生，对消费者保护或市场诚信造成潜在或实质损害时，FCA将基于自身对风险的监管判断采取更加快速果断的行动。如在针对某C2类机构开展评估过程中，发现该公司向消费者收取不当费用，FCA立即叫停该收费行为并要求该公司针对过失行为作出补偿，每年为消费者挽回80万英镑的损失。（3）问题与产品监管（issues and product supervision），FCA会针对某一细分市场领域或产品进行深入分析，找出产生不当行为的原因并提出改进行为标准和增加市场诚信的途径和方法。例如，FCA监管部门通过对手机保险市场的深入分析，发现了这一市场存在监管缺失、销售条款不清、投诉处理迟缓等问题，FCA迅速要求相关公司进行整改，手机保险提供商承诺改进相关条款，并改进投诉处理机制。

事后执法环节。在执法环节，FCA执法部门接收由监管部门或市场部门转交的案件，经过审慎调查后，提交监管决策委员会作出裁定是否进行处罚。FCA可采用公开谴责、罚款、市场禁入、停业整顿直至民事与刑事诉讼等措施对行为不当的金融机构与从业人员予以处罚，FCA将对违反规则的金融机构与人员采取强硬和具有意义的行动，以形成足够有效的威慑。

值得注意的是，FCA可以对外公开披露其对金融机构采取的纪律处分措施。在正式执法过程中，FCA将首先发布“警告通知”，对外详细披露金融机构纪律处分的细节。这一更加公开和透明的执法程序：一是可以加深与金融消费者的沟通，使其进一步了解FCA是代表消费者利益行使职权；二是可以提示震慑金融机构，敦促其遵守规则并提供更多顾及金融消费者利益的金融产品和服务。

此外，目前FCA越来越强调对金融产品和服务的早期介入，其有权不通过执法程序就禁止特定的误导性金融产品和服务在市场上进行销售推广。当FCA认为金融消费者可能遭受实际或潜在的经济损失时，金融机构的推广行为对金融消费者的理性选择或最优交易选择造成不利影响时，即可行使权力阻止该金融产品或服务继续流入市场。FCA在行使权力时，首先向金融机构发出指令，要求其停止金融产品和服务的推广，并说明禁止其推广的理由；金融机构可提出申诉，根据申诉，FCA保留对此项指令修改、执行或撤销的最终决定权。此项权利可单独使用，也可在对金融机构采取执法行动前使用。

六、信息服务市场发展情况

伦敦是欧洲市场的代表，欧洲市场也保持着两家争霸的格局——2014年，欧洲的市场达到了96.1亿美元，汤森路透与彭博合占欧洲市场约67%的市场份额，其中，汤森路透占据了约34%的市场份额，为该地区最大的金融信息供应商。

汤森路透在2014年全年可持续性营业收入126.1亿美元，较2013年的125.4亿美元微增1%。其中，金融信息服务占比为54%，约为68亿美元，较2013年下降3%。此外，排除价格上升带来的收入上涨，汤森路透在全球范围内的终端收入（销售数量）在逐渐缩减。汤森路透在金融信息服务板块自2008年以来，首次实现毛利润为正，主要得益于运营效率的提高和运营成本的缩减。

由于在外汇货币方面有着相对的优势，汤森路透的Xtra 3000及Eikon等产品也有着不错的口碑。汤森路透的金融信息服务占总收入约50%，由于其原身为路透社，因此它在新闻资讯等方面也花费精力较多。

在国际业务板块中，汤森路透在2014年实现了9%的增长，其中5%的增长为有机增长。2014年，汤森路透的金融信息服务的营业收入分布大致为：35.2%在美洲，47.5%在欧洲，17.3%在亚洲。

汤森路透2014年收入构成（按地域）见图4-2。

可以看到，汤森路透的主要布局在欧洲的发达国家，受近年来欧洲国家经济不景气等的影响，汤森路透在全球范围内的市场份额正逐渐缩减。

因此，汤森路透的战略目标正在转移——由发达国家转向高增长的发展中国家与地区，包括拉丁美洲、中国、印度、中东、非洲、南非、俄罗斯及土耳其等，并且，汤森路透在这些国家的收入比例由2013年的9%增加到了2014年的10%。2014年在亚洲及中东不断有新的客户与汤森路透签订协议。

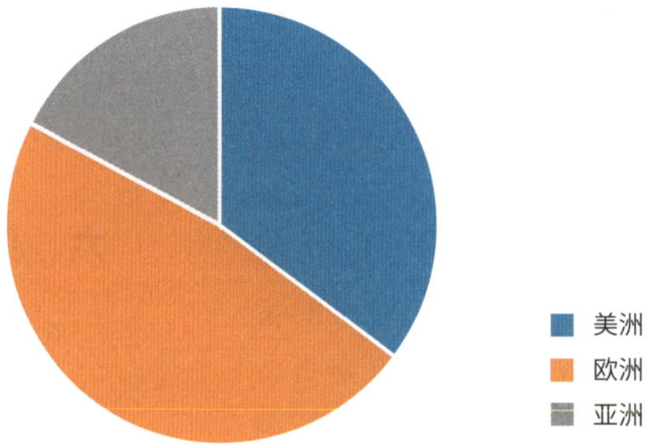

图4-2　汤森路透2014年收入构成（按地域）

第五章
上海与主要国际金融中心发展比较

根据世界经济论坛发布的《全球竞争力报告》的排名，2014年，中国的全球竞争力排名为第28位，比2013年上升了一位，这表明中国经济的竞争力有所提高。其中，值得注意的是中国的融资困难是从事商务活动时的首要障碍。从全球金融市场来看，全球外汇市场交易主要集中在英、美两国，中国占比虽有所提高但仍然较低；全球外汇交易币种主要为美元和欧元，人民币占比较低；全球场外利率衍生品市场主要集中在英、美两国，中国占比较低；全球股市活动主要集中于美国，沪深交易所地位上升；中国期货期权成交量增长迅速，上海期货交易所进入十强。由于上海金融业发展迅速，根据“新华—道琼斯国际金融中心发展指数”，上海国际金融中心的全球排名上升，与香港并列第五位。

一、宏观环境条件比较

国际金融中心的发展离不开其所在国的宏观环境的影响。比较国际金融中心所在国的宏观环境有利于理解国际金融中心的竞争力及其国际地位的形成。

世界经济论坛的《全球竞争力报告》依据“全球竞争力指数”（GCI）对全球140多个国家或地区的竞争力进行了排名。在本部分我们选取主要国际金融中心所在的五个国家或地区（美国、英国、中国香港、日本、新加坡）和金砖五国（中国、南非、印度、巴西、俄罗斯）进行竞争力比较。

先看2013年这些国家或地区的经济基本面。详见表5-1。

根据经济发展阶段论，世界经济论坛将

表5-1　2013年部分国家或地区的经济基本面

	人口（百万人）	GDP（10亿美元）	人均GDP（美元）	占全球GDP份额（%）
新加坡	5.4	295.7	54 776	0.40
美国	316.4	16 799.7	53 101	19.31
中国香港	7.2	273.7	37 777	0.44
日本	127.3	4 901.5	38 491	5.40
英国	64.1	2 535.8	39 567	2.75
中国	1 360.8	9 181.4	6 747	15.40
南非	53.0	350.8	6 621	0.69
巴西	198.3	2 242.9	11 311	2.79
印度	1 243.3	1 870.7	1 505	5.83
俄罗斯	142.9	2 118.0	14 819	2.94

注：1. 为2013年数据。
2. 占全球GDP份额是按购买力平价法（PPP）计算的。
资料来源：*The World Economic Forum, Global Competitiveness Report 2014～2015*。

人均GDP小于2 000美元的经济称为要素驱动的经济，处于3 000～8 999美元的为效率驱动阶段的经济，处于2 000～2 999美元的为由第一阶段向第二阶段的过渡经济，人均GDP大于17 000美元的为创新驱动的经济，处于9 000～17 000美元的经济为由第二阶段向第三阶段的过渡经济。根据2012年的数据，美国、英国、日本、中国香港和新加坡等国家或地区的经济均处于创新驱动阶段，印度经济处于要素驱动阶段，中国、南非经济处于效率驱动阶段，巴西和俄罗斯经济处于由效率驱动向创新驱动的过渡期。

按照购买力平价估算，按照国家排名，中国是仅次于美国的第二大经济体，远超其他经济体，但是，从人均角度而言，中国经济尚处于中等发达的国家行列。

再看这些国家或地区的全球竞争力排名。详见表5-2。

全球竞争力指数从12个方面衡量一国或地区的综合竞争力状况，即采用制度、基础设施、宏观经济环境、医疗卫生和基础教育、高等教育和培训、货物市场效率、劳动力市场效率、金融市场发展、技术就绪度、市场规模、商业成熟度和创新等12个衡量指标。竞争力指数总分就是这些指标的综合计分结果。

在12个衡量指标中，不同指标对处于不同阶段的经济的重要性是不同的——制度、基础设施、宏观经济环境及医疗卫生和基础教育等第一类指标对要素驱动经济较为重要，高等教育和培训、货物市场效率、劳动力市场效率、金融市场发展、技术就绪度、市场规模等第二类指标对效率驱动经济较为重要，商业成熟度和创新等第三类指标对创新驱动经济较为重要。在不同阶段，上述三大类指标在构成竞争力指数时的权重是不同的，也就是说，这些重要性程度不同的指标对处于不同发展阶段国家的竞争力的影响是不同的。比如，对美国等处于创新驱动阶段的经济而言，商业成熟度、创新等第三类指标对其竞争力的影响最大，对中国、南非的效率驱动经济而言，高等教育和培训等第二

表5-2　部分国家或地区的全球竞争力排名

	2014～2015年	2013～2014年	2012～2013年
新加坡	2	2	2
美国	3	5	7
中国香港	7	7	9
日本	6	9	10
英国	9	10	8
中国	28	29	29
南非	56	53	52
巴西	57	56	48
印度	71	60	59
俄罗斯	53	64	67

注：《2014～2015年全球竞争力报告》对全球148个国家或地区进行竞争力排名。
资料来源：*The World Economic Forum, Global Competitiveness Report 2014～2015*。

表5-3　2014～2015年部分国家或地区的全球竞争力各指标排名

	总排名	制度	基础设施	宏观经济环境	医疗卫生和基础教育	高等教育和培训	货物市场效率	劳动力市场效率	金融市场发展	技术就绪度	市场规模	商业成熟度	创新
新加坡	2	3	2	15	3	2	1	2	2	7	31	19	9
美国	3	30	12	113	49	7	16	4	9	16	1	4	5
中国香港	7	8	1	14	32	22	2	3	1	5	27	16	26
日本	6	11	6	127	6	21	12	22	16	20	4	1	4
英国	9	10	8	107	21	19	13	5	15	2	6	6	12
中国	28	47	46	10	46	65	56	37	54	83	2	43	32
南非	56	36	60	89	132	86	32	113	7	66	25	31	43
巴西	57	94	76	85	77	41	123	109	53	58	9	47	62
印度	71	70	87	101	98	93	95	112	51	121	3	57	49
俄罗斯	53	97	39	31	56	39	99	45	110	59	7	86	65

资料来源：*The World Economic Forum, Global Competitiveness Report 2014～2015*。

类指标对其竞争力影响最大。

在中国的第二类指标排名中，比较薄弱的前三位依次是技术就绪度、高等教育和培训、货物市场效率。这表明，为提高竞争力，我国应该着手强化技术应用以提高劳动生产率、强化劳动力的在职培训和减少政府干预以使供求对接效率等。

从调查来看，融资困难是影响中国商务活动的重要因素。从事商务活动时排在前三位的问题详见表5-4。

二、各国际金融中心市场交易量和格局

（一）全球外汇市场交易主要集中在英美两国，中国占比较低

根据BIS三年一次的全球调查，全球外汇市场交易有向英国、美国集中的趋势。

（二）全球外汇交易币种主要为美元和欧元，人民币占比较低

美元仍在外汇市场交易币种中占主导地

表5-4　从事商务活动时排在前三位的问题

新加坡	严苛的劳动力管制	通胀	创新能力不足
美国	税率	税收管制	政府效率低下
中国香港	创新能力不足	政府效率低下	通胀
日本	税率	严苛的劳动力管制	创新能力不足
英国	融资困难	税收管制	税率
中国	融资困难	腐败	税收管制
南非	严苛的劳动力管制	受过良好教育劳动力缺乏	政府效率低下
巴西	税收管制	严苛的劳动力管制	基础设施供给不足
印度	融资困难	税率	外币管制
俄罗斯	腐败	税率	融资困难

资料来源：*The World Economic Forum, Global Competitiveness Report 2014～2015*。

表5-5　近年来部分经济体外汇交易的全球占比

单位：%

	2001年	2004年	2007年	2010年	2013年
英国	31.8	32.0	34.6	36.8	40.9
美国	16.0	19.1	17.4	17.9	18.9
新加坡	6.1	5.1	5.6	5.3	5.7
日本	9.0	8.0	5.8	6.2	5.6
中国香港	4.0	4.1	4.2	4.7	4.1
俄罗斯	0.6	1.1	1.2	0.8	0.9
中国	—	0.0	0.2	0.4	0.7
印度	0.2	0.3	0.9	0.5	0.5
巴西	0.3	0.1	0.1	0.3	0.3
南非	0.6	0.4	0.3	0.3	0.3

注：合计为100%。
数据来源：国际清算银行，2013；*Triennial Central Bank Survey: Foreign exchange turnover in April 2013*。

位，中国、俄罗斯等新兴市场经济体国家货币在外汇交易中比重上升。

在外汇市场交易币种中，美元仍占据绝对主导地位，2013年4月，按双边统计，美元的市场份额为87%。其他主要货币中，欧元、英镑的市场份额下降，日元的市场份额有所上升。以新兴市场经济体为主的其他货币则占据了全部交易的44.7%，比上一年提升2.7个百分点。人民币、卢布等货币市场份额均有所上升。

表5-6　近年来全球主要外汇交易币种占比

单位：%

	2001年		2004年		2007年		2010年		2013年	
	占比	排名	占比	排名	占比	排名	占比	排名	占比	排名
美元	89.9	1	88.0	1	85.6	1	84.9	1	87.0	1
欧元	37.9	2	37.4	2	37.0	2	39.1	2	33.4	2
日元	23.5	3	20.8	3	17.2	3	19.0	3	23.0	3
英镑	13.0	4	16.5	4	14.9	4	12.9	4	11.8	4
人民币	0.0	35	0.1	29	0.5	20	0.9	17	2.2	9
卢布	0.3	19	0.6	17	0.7	18	0.9	16	1.6	12
港元	2.2	9	1.8	9	2.7	8	2.4	8	1.4	13
新加坡元	1.1	12	0.9	14	1.2	13	1.4	12	1.4	15
南非兰特	0.9	13	0.7	16	0.9	15	0.7	20	1.1	18
巴西雷亚尔	0.5	17	0.3	21	0.4	21	0.7	21	1.1	19
印度卢比	0.2	21	0.3	20	0.7	19	1.0	15	1.0	20

注：因为为双向交易，占比总和为200%。
数据来源：国际清算银行，2013；*Triennial Central Bank Survey: Foreign exchange turnover in April 2013*。

（三）全球场外利率衍生品市场主要集中在英美两国，中国占比较低

根据BIS统计，截至2014年年末，全球场外（OTC）利率衍生品市场名义余额达505.45万亿美元，比2013年年末下降13.6%。其中，利率远期、互换和期权的名义余额分别为80.8万亿美元、381.0万亿美元和43.6万亿美元，分别比2013年年末增长2.6%、下降16.6%和11.5%。部分经济体场外利率衍生品交易的全球占比见表5-7。

表5-7 部分经济体场外利率衍生品交易的全球占比

单位：%

	2001年	2004年	2007年	2010年	2013年
英国	35.2	42.3	44.0	46.6	48.9
美国	17.1	23.9	24.2	24.2	22.8
日本	2.3	2.3	3.5	3.4	2.4
新加坡	0.5	0.6	2.6	1.3	1.3
中国香港	0.4	0.8	0.8	0.7	1.0
中国	—	—	—	0.1	0.5
南非	0.1	0.2	0.2	0.2	0.4
巴西	0.0	0.1	0.0	0.3	0.1
印度	0.0	0.1	0.2	0.1	0.1

数据来源：BIS，2013；*Triennial Central Bank Survey: OTC interest rate derivatives turnover in April 2013*。

（四）全球股市活动主要集中于美国，中国排名上升

1. 全球股市市值主要集中于美国

全球市值最大的五家交易所依然是纽约证券交易所（NYSE）、纳斯达克（NASDAQ OMX）、日本交易所集团(Japan Exchange Group）、上海证券交易所和泛欧交易所（Euronext），2014年年末其以本币核算的股票市值较2013年年末分别上涨8%、15%、-4%、58%和-7%。五大交易所股票市值在全球股票市值中所占比重分别为30%、11%、7%、6%和5%，合计占比59.75%，较上年年末上升4.8个百分点。

2014年，上海证券交易所和深圳证券交易所以本币核算的股票市值分别上升58%和43%，全球市值占比分别为6.2%和3.3%，位居全球第四位和第八位。印度的两家证券交易所——孟买证交所（BSE）和国家证交所（NSE）的股票市值都出现大幅增加，增加幅度均达到37%，全球排名升至第十位和第十一位。巴西交易所（BM&FBOVE-SPA）股票市值较2013年年末下降17%，全球排名下降至第十九位。2012~2014年年末全球市值排名前十大交易所占比见表5-8。

2. 全球股票市场融资规模大幅增加

2014年，全球股票市场共融资（包括首次公开发行和再融资）约8 940亿美元，较上年上升22.6%。全球股票市场首次公开发行（IPO）融资规模为2 460亿美元，较上年上升45.6%，占全部融资规模的比重由2013年的23.2%上升至26.5%。

表5-8　2012～2014年年末全球市值排名前十大交易所占比

单位：%

2014年	全球占比	2013年	全球占比	2012年	全球占比
纽约证券交易所	30.46	纽约—泛欧交易所集团美国中心	28.00	纽约—泛欧交易所集团美国中心	
纳斯达克	10.99	纳斯达克	9.00	纳斯达克	
日本交易所集团	6.89	东京证券交易所集团	7.00	东京证券交易所集团	
上海证券交易所	6.19	伦敦证券交易所集团	6.00	伦敦证券交易所集团	
泛欧交易所	5.22	纽约—泛欧交易所集团欧洲中心	5.00	纽约—泛欧交易所集团欧洲中心	
香港证券交易所	5.09	香港证券交易所	4.80	香港证券交易所	
多伦多交易所集团	3.30	上海证券交易所	3.90	上海证券交易所	
深圳证券交易所	3.26	多伦多证交所集团	3.30	多伦多证交所集团	
德意志交易所集团	2.74	德意志交易所集团	3.00	德意志交易所集团	
孟买交易所	2.45	瑞士证券交易所	2.40	澳大利亚证券交易所	

注：2013年伦敦交易所集团退出WFE；2013年，东京交易所与大阪交易所合并成立日本交易所集团；2013年年底美国洲际交易所集团（ICE）完成对纽约—泛欧交易所集团的收购，纽交所就是此前的纽约—泛欧交易所集团美国中心，泛欧交易所就是此前的纽约—泛欧交易所集团欧洲中心。2014年，洲际交易所集团将旗下的泛欧交易所（Euronext）剥离出来单独上市。

数据来源：世界交易所联盟网站：www.world-exchanges.org。

3. 全球股票成交规模上升，中国市场占比扩大

2014年，全球股票成交规模由2013年的触底回升转为大幅上升。具体来看，全球证券交易所股票（含投资基金）成交金额78万亿美元，较上年上涨17%。成交金额最大的五大交易所分别是纽约证券交易所、BATS全球市场（美国）、纳斯达克、上海证券交易所和深圳证券交易所，其全球占比分别为20%、16.9%、15.7%、7.8%和7.6%。纽约两

表5-9　2012～2014年全球成交规模排名前十大交易所占比

单位：%

2014年	全球占比	2013年	全球占比	2012年	全球占比
纽约证券交易所	20.34	纽约—泛欧交易所集团美国中心	25.00	纽约—泛欧交易所集团美国中心	27.50
BATS全球市场（美国）	16.87	纳斯达克	17.50	纳斯达克	20.00
纳斯达克	15.68	东京证券交易所集团	11.90	东京证券交易所集团	7.10
上海证券交易所	7.80	深圳证券交易所	7.10	上海证券交易所	5.30
深圳证券交易所	7.61	上海证券交易所	6.90	深圳证券交易所	4.80
日本交易所集团	6.98	伦敦证券交易所集团	4.20	伦敦证券交易所集团	4.50
BATS Chi-x（欧洲）	3.34	纽约—泛欧交易所集团欧洲中心	3.10	纽约—泛欧交易所集团欧洲中心	3.20
泛欧交易所	2.50	德意志交易所集团	2.50	韩国交易所	3.10
香港证券交易所	1.95	韩国交易所	2.40	多伦多证交所集团	2.80
德意志交易所集团	1.88	多伦多证交所集团	2.40	德意志交易所集团	2.60

注：BATS全球市场成立于2005年，是美国一家技术领先的创新型证券交易所。2008年，BATS 获得美国证券交易委员会的许可，正式转型为交易所，并成为仅次于NYSE、NASDAQ的美国第三大交易所。2014年，BATS 同美国第四大交易所Direct Edge合并，成为美国第二大证券交易运营商。2014年，BATS交易所正式加入WFE组织，成为WFE会员。

数据来源：世界交易所联盟网站：www.world-exchanges.org。

大证券交易所合计份额为36%，较2013年下降6个百分点；而中国两家证券交易所合计份额为15.4% ，较2013年上升1.4个百分点。成交规模绝对量上，纽约证券交易所、BATS全球市场（美国）、纳斯达克、上海证券交易所和深圳证券交易所分别较上年上升16%、12%、28%、63%和54%。2012～2014年全球成交规模排名前十大交易所占比见表5-9。

（五）全球期货期权成交量小幅增长，中国排名上升

据美国期货业协会（FIA）的统计数据，2014年全球在交易所交易的期货和期权产品共成交218.7亿手，较上年增长1.5%。上海期货交易所的期货成交量比上年增长了31.1%，成交量排名也由2013年的第11位上升至第9位。2014年全球最大的20家衍生品交易所交易或清算数量排名见表5-10。

三、各国际金融中心发展指数比较

2010年，新华社联合美国芝加哥商业交易所集团开始发布“新华—道琼斯国际金融中心发展指数”（Xinhua – Dow Jones International Financial Center Development Index，IFCD指数）。

表5–10　2014年全球最大的20家衍生品交易所交易或清算数量排名

单位：亿手，%

排名	交易所	2013年	2014年	增长率
1	CME Group 芝加哥商品交易所集团	31.61	34.42	8.9
2	Intercontinental Exchange 洲际交易所	25.58	22.76	11.0
3	Eurex 欧洲期货交易所	21.91	20.98	-4.2
4	National Stock Exchange of India 印度国家证券交易所	21.27	18.80	-11.6
5	BM & Fbovespa 巴西交易所	16.04	14.18	-11.8
6	Moscow Exchange 莫斯科联合交易所	11.34	14.13	24.6
7	CBOE Holdings 芝加哥期权交易所	11.88	13.25	11.6
8	Nasdaq QMX 全美证券交易商自动报价系统	11.43	11.27	-1.4
9	Shanghai Futures Exchange 上海期货交易所	6.42	8.42	31.1
10	Dalian Commodity Exchange 大连商品交易所	7.00	7.69	9.9
11	BSE 孟买证券交易所	2.54	7.26	184.8
12	Korea Exchange 韩国交易所	8.21	6.78	-17.4
13	Zhengzhou Commodity Exchange 郑州商品交易所	5.25	6.76	28.8
14	Hong Kong Exchanges & Clearing 香港交易所	3.01	3.19	6.1
15	Japan Exchange Group 日本交易所集团	3.66	3.10	-15.4
16	JSE South Africa 南非证券交易所	2.55	3.04	19.4
17	ASX Group 澳洲证券交易所	2.62	2.44	-6.8
18	China Finacial Futures Exchange 中国金融期货交易所	1.94	2.18	12.4
19	Taiwan Futures Exchange 台湾期货交易所	1.53	2.02	32.0
20	BATS Exchange 蝙蝠集团交易所	1.52	2.02	33.0

资料来源：美国期货业协会（FIA）网站，www.futuresindustry.org。

（一）上海国际金融中心地位国际综合评价

2014年，在全球45个城市的排名中，上海已经由2010年的第8位上升至与香港并列的第5位。2010～2014年部分城市的“新华－道琼斯国际金融中心发展指数”综合排名见表5-11。

（二）上海国际金融中心地位的分指标评价

IFCD国际金融中心综合评价体系，通过分析金融市场、成长发展、产业支撑、服务水平和国家环境五个维度，全面考察各国际金融中心的优劣。各维度下又分别包含了不同的子指标体系。

1. 金融市场维度评价

金融市场维度测度国际金融中心城市的发展核心优势。对于金融市场维度的综合评价重点考察资本市场、外汇市场、银行市场和保险市场等金融市场的规模、稳定性和成熟度。2010年与2011年上海排名第7位，2012年、2013年和2014年则排名第6位。这表明，近年来上海国际金融中心建设在金融市场体系建设方面取得了显著进步。 2010～2014年全球金融市场体系分指标体系排名见表5-12。

2. 成长发展维度评价

成长发展维度则反映国际金融中心城市的发展持续动力，主要衡量资本市场成长性、经济成长性、创新潜能储备等三个方面。

根据IFCD综合评价体系对国际金融中心城市成长发展维度的测度结果，2010～2014年，上海连续五年位列第一，反映出上海在经济增长与发展方面强劲的动力。相比之下，其他金砖国家国际金融中心城市的成长性则出现较大波动。2010～2014年全球成长发展维度排名见表5-13。

表5-11　2010～2014年部分城市的“新华—道琼斯国际金融中心发展指数”综合排名

2014年		2013年		2012年		2011年		2010年	
城市	名次	城市	名次	城市	名次	城市	名次	城市	名次
纽约	1	纽约	1	纽约	1	纽约	1	纽约	1
伦敦	2	伦敦	2	伦敦	2	伦敦	2	伦敦	2
东京	3	中国香港	3	东京	3	东京	3	东京	3
新加坡	4	东京	4	中国香港	4	中国香港	4	中国香港	4
中国香港	5	新加坡	5	新加坡	5	新加坡	5	新加坡	6
上海	5	上海	6	上海	6	上海	6	上海	8
孟买	24	孟买	27	孟买	29	孟买	34	莫斯科	35
莫斯科	33	莫斯科	28	莫斯科	30	莫斯科	35	圣保罗	39
约翰内斯堡	34	圣保罗	36	圣保罗	43	圣保罗	41	孟买	40
圣保罗	35	约翰内斯堡	37	约翰内斯堡	45	约翰内斯堡	45	约翰内斯堡	45

资料来源：历年《新华－道琼斯国际金融中心发展指数报告》。

表5-12　2010～2014年全球金融市场体系分指标体系排名

2014年		2013年		2012年		2011年		2010年	
城市	名次	城市	名次	城市	名次	城市	名次	城市	名次
纽约	1	纽约	1	纽约	1	伦敦	1	伦敦	1
伦敦	2	伦敦	2	伦敦	2	纽约	2	纽约	2
东京	3	东京	3	东京	3	东京	3	东京	3
中国香港	4	中国香港	4	中国香港	4	中国香港	4	中国香港	4
新加坡	5	新加坡	5	上海	6	上海	7	上海	7
上海	6	上海	6	新加坡	7	新加坡	8	新加坡	8
孟买	20	孟买	20	孟买	23	孟买	20	莫斯科	23
圣保罗	22	圣保罗	22	莫斯科	25	莫斯科	24	孟买	25
莫斯科	23	约翰内斯堡	26	圣保罗	41	圣保罗	40	圣保罗	37
约翰内斯堡	26	莫斯科	30	约翰内斯堡	44	约翰内斯堡	44	约翰内斯堡	44

资料来源：历年《新华－道琼斯国际金融中心发展指数报告》。

表5-13　2010～2014年全球成长发展维度排名

2014年		2013年		2012年		2011年		2010年	
城市	名次	城市	名次	城市	名次	城市	名次	城市	名次
上海	1	上海	1	上海	1	上海	1	上海	1
东京	2	中国香港	2	纽约	2	中国香港	2	中国香港	2
新加坡	3	伦敦	3	伦敦	3	东京	3	纽约	4
纽约	4	纽约	4	中国香港	4	纽约	4	东京	5
伦敦	5	新加坡	5	东京	6	新加坡	5	伦敦	6
中国香港	6	东京	7	新加坡	7	伦敦	7	新加坡	7
孟买	17	孟买	17	莫斯科	16	孟买	11	莫斯科	16
约翰内斯堡	22	莫斯科	25	孟买	18	莫斯科	15	圣保罗	20
圣保罗	26	圣保罗	27	圣保罗	39	圣保罗	16	孟买	21
莫斯科	29	约翰内斯堡	30	约翰内斯堡	45	约翰内斯堡	31	约翰内斯堡	44

资料来源：历年《新华－道琼斯国际金融中心发展指数报告》。

3. 产业支撑维度评价

产业支撑维度则考察国际金融中心城市发展的物质基础，包括商业环境与智力资本两个方面。在产业支撑维度方面，纽约、东京和伦敦长期稳居前三，上海则呈上升趋势，从2010年的排名第7位，到2011年、2012年分别上升至第6位、第4位，2013年、2014年小幅下降至第5位。2010～2014年产业支撑维度排名见表5-14。

表5-14　2010～2014年产业支撑维度排名

2014年		2013年		2012年		2011年		2010年	
城市	名次	城市	名次	城市	名次	城市	名次	城市	名次
纽约	1	纽约	1	纽约	1	纽约	1	纽约	1
伦敦	2	伦敦	2	伦敦	2	东京	2	东京	2
东京	3	东京	3	东京	3	伦敦	3	伦敦	3
中国香港	4	中国香港	4	上海	4	中国香港	4	中国香港	4
上海	5	上海	5	中国香港	5	新加坡	5	新加坡	5
新加坡	6	新加坡	6	新加坡	6	上海	6	上海	7
莫斯科	22	莫斯科	21	莫斯科	20	莫斯科	23	孟买	29
孟买	25	孟买	23	孟买	22	孟买	40	莫斯科	30
圣保罗	32	圣保罗	31	圣保罗	42	圣保罗	41	圣保罗	40
约翰内斯堡	37	约翰内斯堡	34	约翰内斯堡	45	约翰内斯堡	44	约翰内斯堡	45

资料来源：历年《新华一道琼斯国际金融中心发展指数报告》。

4. 服务水平维度评价

服务水平维度侧重于国际金融中心城市的发展配套能力。在服务水平维度方面，IFCD综合评价体系从基础设施、社会管理与工作生活三个方面评价，城市金融发展的服务能力。发达经济体的基础设施建设、社会管理水平与工作生活便利程度均较高，因此，其为金融发展提供服务的水平较高。服务水平维度的综合评价结果也反映了这一点。经过近几年的努力，上海的排名有了较大提升，已经升至第6位。2010～2014年服务水平维度排名见表5-15。

表5-15　2010～2014年服务水平维度排名

2014年		2013年		2012年		2011年		2010年	
城市	名次	城市	名次	城市	名次	城市	名次	城市	名次
纽约	1	纽约	1	纽约	1	纽约	1	伦敦	1
伦敦	2	伦敦	2	伦敦	2	伦敦	2	纽约	2
中国香港	3	东京	3	东京	3	东京	3	东京	3
东京	4	中国香港	4	中国香港	4	中国香港	4	中国香港	5
新加坡	5	新加坡	5	新加坡	6	新加坡	6	新加坡	6
上海	6	上海	14	上海	12	上海	7	上海	19
孟买	27	莫斯科	37	孟买	39	孟买	38	莫斯科	37
莫斯科	33	孟买	38	莫斯科	41	莫斯科	39	圣保罗	40
约翰内斯堡	34	圣保罗	41	约翰内斯堡	44	圣保罗	45	孟买	43
圣保罗	36	约翰内斯堡	42	圣保罗	45	约翰内斯堡	42	约翰内斯堡	45

资料来源：历年《新华一道琼斯国际金融中心发展指数报告》。

5. 国家环境维度评价

国家环境维度强调国际金融中心城市的外部环境，包括经济环境、政治环境、开放程度、自然环境四个方面。与服务水平维度的综合评价结果类似，发达经济体稳建的政治与经济环境、全面的开放、良好的自然环境保证其在国家环境维度方面领先于上海等新兴国际金融中心城市。因此，2010～2013年的国家环境维度排名前十位的城市均为发达经济体城市。经过近几年的努力，上海的排名有了较大提升，2014年已经升至第5位。2010～2014年国家环境维度排名见表5-16。

总体而言，作为新兴的国际金融中心城市，上海保持了快速增长的势头，在高速经济增长的推动下，上海国际金融中心在金融市场维度、成长发展维度、产业支撑维度等方面均表现出了强劲的发展趋势；但与发达经济体的传统国际金融中心相比，上海在服务水平与国家环境两方面的差距较大。上海要追赶传统国际金融中心，必须积极推动经济与政治体制改革，构建完善、稳定与透明的国家环境，必须努力提高城市发展配套能力，提升与国际金融中心发展相匹配的城市服务水平。

四、各主要国际金融中心景气指数比较

上海金融业联合会自2007年起发布《上海金融景气指数报告》。报告选取了七个国际上主要的国际金融中心城市作对比分析，选取的原则是覆盖世界不同地域的知名金融中心，包括欧洲（伦敦）、美洲（纽约）和亚太区（香港、新加坡、孟买、首尔）。

从发展角度看，2014年上半年，上海发展度指数为4 958点，较2013年年末降低3.5%，但发展程度位居各大金融中心首位，年均复合增速24%，高于其他金融中心。亚洲另一个新兴的金融中心孟买发展程度在对比城市中居第二位，2014年上半年发展度指数达到2 987点，较2013年年末增长11.5%，

表5-16 2010～2014年国家环境维度排名

2014年		2013年		2012年		2011年		2010年	
城市	名次	城市	名次	城市	名次	城市	名次	城市	名次
伦敦	1	伦敦	1	纽约	1	伦敦	1	纽约	1
纽约	2	纽约	2	伦敦	2	纽约	2	伦敦	2
东京	3	中国香港	3	中国香港	3	东京	3	东京	3
新加坡	4	东京	4	东京	5	中国香港	4	中国香港	4
上海	5	新加坡	5	新加坡	6	新加坡	6	新加坡	7
中国香港	11	上海	13	上海	16	上海	19	上海	21
约翰内斯堡	40	莫斯科	35	孟买	41	孟买	39	圣保罗	37
孟买	41	约翰内斯堡	41	莫斯科	43	莫斯科	42	莫斯科	38
圣保罗	42	孟买	42	圣保罗	44	圣保罗	43	孟买	42
莫斯科	43	圣保罗	43	约翰内斯堡	45	约翰内斯堡	45	约翰内斯堡	45

资料来源：历年《新华—道琼斯国际金融中心发展指数报告》。

年均复合增速达16%，仅次于上海。亚太地区老牌金融中心香港发展度指数在2014年上半年略有下降，较2013年年末降低2%，为2 474点，年均复合增速为13%，排名第三位。新加坡发展度指数在2014年上半年为2 293点，较2013年年末降低5.9%，年均复合增速为12%。首尔发展度指数在2014年上半年为1 737点，较2013年年末降低4.6%，年均复合增速为8%。在发达金融中心中，伦敦2014年上半年发展度指数为1 934点，较2013年年末增长0.5%，年均复合增速为9%。纽约发展度指数小幅上升，2014年上半年达到1 512点，较2013年年末增长0.1%，年均复合增速为6%。国际主要金融中心金融景气指数横向对比—发展度曲线见图5-1。国际主要金融中心金融景气指数横向对比—发展度见表5-17。

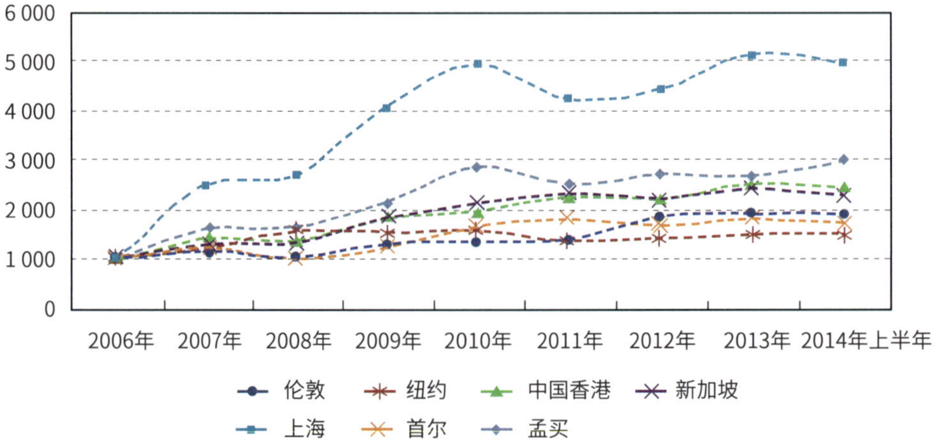

图5-1　国际主要金融中心金融景气指数横向对比—发展度曲线

表5-17　国际主要金融中心金融景气指数横向对比—发展度

年份	伦敦	纽约	中国香港	新加坡	上海	首尔	孟买
2006年	1 000	1 000	1 000	1 000	1 000	1 000	1 000
2007年	1 150	1 219	1 429	1 315	2 503	1 234	1 608
2008年	1 053	1 568	1 381	1 293	2 706	992	1 667
2009年	1 315	1 539	1 849	1 832	4 053	1 230	2 130
2010年	1 368	1 573	1 974	2 138	4 935	1 655	2 857
2011年上半年	1 631	1 418	2 093	2 762	4 236	1 988	2 980
2011年	1 403	1 362	2 283	2 332	4 219	1 815	2 517
2012年上半年	1 653	1 477	2 152	2 351	4 048	1 719	2 934
2012年	1 870	1 434	2 240	2 206	4 410	1 670	2 711
2013年上半年	1 783	1 474	2 374	2 447	4 476	1 967	2 708
2013年	1 924	1 497	2 525	2 437	5 138	1 821	2 680
2014年上半年	1 934	1 512	2 474	2 293	4 958	1 737	2 987

资料来源：上海金融业联合会、《上海金融景气指数报告》。

从景气度角度看，2014年上半年，除孟买外，其余各大国际金融中心发展增速都有不同程度的降低，景气度下降。孟买在股票市场和基金市场的推动下，表征景气度的增速指数增长13%，达1 115点，景气度大幅提升，位列各大金融中心首位。纽约和伦敦增速指数有所回落，位列第二位和第三位，分别为1 010点和1 005点，较2013年年末分别降低3%和2%。受股票市场回落的影响，上海反映景气度的增速指数为965点，较2013年年末降低17%。首尔和新加坡同样受股票市场的影响，增速指数分别下降13%和15%，为954点和941点。香港受宏观经济趋缓的影响，增速指数为980点，较2013年年末降低13%。国际主要金融中心金融景气指数横向对比—增速曲线见图5-2。国际主要金融中心金融景气指数横向对比—增速见表5-18。

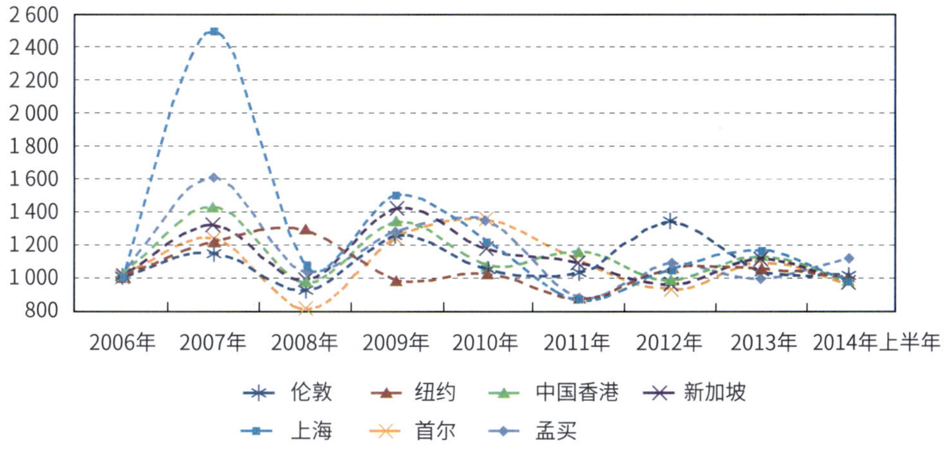

图5-2 国际主要金融中心金融景气指数横向对比－增速曲线

表5-18 国际主要金融中心金融景气指数横向对比－增速

年份	伦敦	纽约	中国香港	新加坡	上海	首尔	孟买
2006年	1 000	1 000	1 000	1 000	1 000	1 000	1 000
2007年	1 150	1 219	1 429	1 315	2 503	1 234	1 608
2008年	915	1 286	966	983	1 081	992	1 037
2009年	1 250	981	1 339	1 417	1 498	1 230	1 277
2010年	1 040	1 022	1 068	1 167	1 218	1 655	1 342
2011年上半年	1 192	902	1 060	1 292	859	1 988	1 043
2011年	1 025	866	1 157	1 091	855	1 815	881
2012年上半年	1 179	1 085	943	1 008	960	1 719	1 166
2012年	1 333	1 053	981	946	1 045	1 670	1 077
2013年上半年	954	1 028	1 060	1 109	1 015	1 967	999
2013年	1 029	1 044	1 127	1 105	1 165	1 821	988
2014年上半年	1 005	1 010	980	941	965	1 737	1 115

资料来源：上海金融业联合会、《2014年上半年上海金融景气指数报告》。

“十二五”期间上海国际金融中心建设发展目标、推进思路及主要任务措施

根据《中华人民共和国国民经济和社会发展第十二个五年规划纲要》、《国务院关于推进上海加快发展现代服务业和先进制造业建设国际金融中心和国际航运中心的意见》（国发[2009]19号）（以下简称国务院2009年19号文）和《上海市国民经济和社会发展第十二个五年规划纲要》，国家发展改革委于2012年1月编制发布了《“十二五”时期上海国际金融中心建设规划》。该专项规划明确了“十二五”时期上海国际金融中心建设的指导思想和发展目标、主要指标、主要任务和措施，对“十二五”时期上海国际金融中心建设具有重要指导作用。

一、上海国际金融中心建设的发展目标

根据国务院2009年19号文，上海国际金融中心建设的总体目标为：到2020年，基本建成与我国经济实力以及人民币国际地位相适应的国际金融中心；基本形成国内外投资者共同参与、国际化程度较高，交易、定价和信息功能齐备的多层次金融市场体系；基本形成以具有国际竞争力和行业影响力的金融机构为主体、各类金融机构共同发展的金融机构体系；基本形成门类齐全、结构合理、流动自由的金融人力资源体系；基本形成符合发展需要和国际惯例的税收、信用和监管等法律法规体系，以及具有国际竞争力的金融发展环境。

根据国家发展改革委《“十二五”时期上海国际金融中心建设规划》，上海国际金融中心建设的阶段性目标为：瞄准世界一流国际金融中心，全面拓展金融服务功能，加快提升金融创新能力，不断增强上海金融市场的国际内涵和全球影响力，力争到2015年基本确立上海的全球性人民币产品创新、交易、定价和清算中心地位。

二、“十二五”期间上海国际金融中心建设的推进思路

根据人民银行、银监会、证监会、保监会、国家外汇管理局五部委联合发布的《金融业发展和改革“十二五”规划》，结合上海国际金融中心建设的实际，“十二五”期间上海国际金融中心建设的推进思路可概括为：

一是抓住全球经济重心东移的战略机遇期，加快人民币“走出去”步伐，确立上海全球范围内人民币投融资枢纽的地位。

二是加快推动金融关键领域的改革，推进利率市场化、汇率形成机制改革取得更大突破，扩大资本项目开放，逐步解决阻碍上海金融业发展的深层次体制机制问题，激发上海金融业的活力。

三是鼓励金融创新，丰富金融市场产品和工具，完善金融机构组织体系和业务模

式。通过以市场为导向的金融创新，提升上海金融业服务水平和效率。调整监管部门功能定位，动态把握金融创新的界限，防范金融风险。

三、“十二五”期间上海国际金融中心建设主要任务措施

根据国家发展改革委《“十二五”时期上海国际金融中心建设规划》，“十二五”期间上海国际金融中心建设的主要任务措施为：

（一）以拓展金融市场广度和深度为重点，增强金融市场功能，形成比较发达的、多功能、多层次的金融市场体系

提升现有金融市场功能。大力吸引成熟优秀企业上市，拓宽上市公司来源，探索建立不同层次资本市场间的转板机制，推进上海证券交易所发展成为亚太一流、具有较强国际影响的交易所；支持银行间和交易所债券市场协同发展，加快推出新的债券品种，不断扩大债券市场规模。积极支持境内期货交易所在海关特殊监管区域内开展期货保税交割业务试点，支持上海期货交易所发展成为具有重要国际影响的大宗商品定价中心。进一步发挥金融期货市场功能，有序引导各类机构投资者参与，支持中国金融期货交易所逐步成为服务全国并在全球范围内具有影响力的风险管理中心。支持货币市场、外汇市场加快发展，增强服务功能，逐步发展更有广度和深度的人民币外汇市场，允许境内银行与境外银行通过银行间外汇市场开展人民币远期购售交易，推动银行间外汇市场开展人民币对新兴经济体货币交易。进一步发展上海黄金市场，保持现货黄金场内交易的国际领先地位。健全保险市场体系，加快培育再保险市场，不断提升保险市场的规模和国际竞争力。支持有条件的市场机构兼并和收购境外交易所和交易平台。

发展新的金融市场形态。积极推进张江高新技术产业开发区内具备条件的未上市企业进入全国场外交易市场进行股份公开转让。以上海股权托管交易中心建设为载体，积极探索非上市公司股权托管和非公开转让市场建设。加快发展保险市场，研究建立保险交易所的可行性，积极探索有利于保险市场创新发展的有效途径。规范发展贷款转让市场，逐步把上海建设成为全国性的贷款转让交易中心。积极发展票据市场，探索符合市场需求的票据产品以及适合票据市场发展的有效组织形式，把上海建成全国性的票据交易中心。健全信托登记服务体系，探索建立信托受益权转让市场，把上海发展成为全国性的信托产品托管、登记、交易、结算中心。

丰富金融市场产品和工具。支持上海证券交易所挂牌交易国内跨市场交易所交易基金（ETF）和基于国际指数、债券等的ETF产品，促进企业（公司）债、短期（超短期）融资券、中期票据、集合票据、外币债券等债券品种加快发展，支持推出项目收益债券、私募融资工具等新的债券品种。积极开展房地产信托投资基金（REITs）、住房抵押贷款支持证券、汽车消费贷款支持证券等创新产品试点。有序推出新的能源和金属类大宗商品期货。稳步发展金融衍生品，研究探索并在条件成熟后推出以汇率、利率、股票、债券等为基础的金融衍生品，积极培育以上海银行间同业拆借利率为定价基准的各类衍生品，稳步扩大信用衍生品的种类和规

模。研究探索并在条件成熟后推出黄金ETF和钯金交易品种。

健全金融市场运行机制。健全银行间债券市场和交易所债券市场互联互通机制。支持外汇、债券等市场做市商制度和货币经纪制度建设。探索支持证券、保险、信托、基金等机构投资者参与黄金市场投资，鼓励和支持企业审慎开展套期保值业务，建立健全金融衍生品市场投资者适当性制度。拓宽保险资金运用渠道，探索保险资金运用于公租房建设和交通、通讯、资源等基础设施项目，投资与保险产业密切相关的医疗、养老等机构。

（二）以吸引和培育具有国际竞争力和行业影响力的金融机构为重点，进一步完善金融机构体系

促进金融机构总部和功能性金融机构集聚发展。进一步吸引和发展法人金融机构，积极培育和发展与金融市场相关的资金及资产管理机构等功能性金融机构，努力把上海建设成为我国重要的金融机构总部和功能性金融机构集聚地。大力吸引外资金融机构将区域性乃至全球性总部设在上海，支持在沪外资金融机构发展成为亚太地区管理总部或业务营运总部。积极吸引国际性、区域性多边金融组织入驻上海。鼓励和支持国内外金融机构在上海设立分支机构。

规范发展从事新兴金融业务的机构。健全上海金融服务组织体系，积极发展专业养老保险公司、专业健康保险公司、金融租赁公司、独立基金销售机构等新型金融机构，融资性担保公司、小额贷款公司等新型金融服务机构和提供支付服务的非金融机构（以下统称“新型机构”）。鼓励和引导新型机构创新服务模式，加强与商业银行、保险公司、证券公司、基金公司、期货公司、信托公司等金融机构以及电子商务企业的合作。探索健全符合新型机构发展需要的管理体制，增强行业自律。

推动金融机构深化改革。支持在沪金融机构开展市场化改革、开放性重组，推进在沪金融机构与境内外著名金融机构在资本、业务、技术等方面开展战略合作。支持在沪法人金融机构优化股权结构，完善公司治理机制和资本补充机制，建立长期激励约束机制，提高经营管理水平。

增强金融机构创新能力。推进符合条件的金融企业开展综合经营试点。促进金融业务创新融合，支持具备相应能力的金融机构依法开展并购贷款、股权投资、境外贷款、期货投资咨询等创新业务，有序开发跨市场、跨行业、跨境的金融产品和业务。

（三）以加快金融市场改革创新为重点，不断提升金融中心服务经济社会发展的能力

大力发展财富与资产管理业务。积极推动银行、证券、保险、信托等金融机构设立专业化运营的财富与资产管理机构，加快发展证券投资基金、股权投资企业、创业投资企业、对冲基金等专业机构。

大力发展航运金融。创新航运融资方式，推动发展港口融资、船舶（飞机）抵押贷款、船舶（飞机）融资租赁、船舶（飞机）出口买方信贷、资金结算等航运金融服务。加快发展船舶（飞机）保险、海上货运险、保障与赔偿保险，积极探索新型航运保险业务。进一步发展服务全国的航运金融市场，积极推动金融机构、航运企业等在上海

设立专业性航运金融机构，研究推动大型船舶制造企业参与组建金融租赁公司。支持相关航运企业、航空公司和金融机构共同设立航运股权投资企业，扩大从事船舶（飞机）租赁业务的特殊目的机构（SPV）规模。研究开发系列航运价格指数及航运金融衍生品。

完善金融服务，增强金融服务实体经济能力。大力发展贸易融资、消费金融。支持跨国公司地区总部的融资业务，加强对总部经济的金融服务。加强对中小企业和文化及创意企业的金融服务。加强对战略性新兴产业和先进制造业的金融服务。探索发展低碳金融，探索发展自愿减排交易市场。发展新兴融资服务推动产业升级和科技创新。加强对民生和社会事业发展的金融支持。

（四）以建设人民币跨境投融资中心为重点，加快提高金融国际化水平

积极有序推进金融市场对外开放。推进上海证券市场国际板建设，支持符合条件的境外企业发行人民币股票。逐步扩大境外机构在境内发行人民币债券的发债主体和规模。支持证券市场扩大QFII 投资规模和投资范围，探索外资投资期货市场、金融衍生品等金融市场的制度安排。稳步拓展境外金融机构参与外汇市场的范围和规模。配合拓宽境外人民币资金回流渠道，稳妥推进境外机构以人民币资金投资境内债券和其他金融市场试点。积极探索境外个人投资者投资境内金融市场的有效方式。支持境内外金融市场深化战略合作。

积极推进金融服务业对外开放。支持中外资金融机构深化股权、业务等方面的战略合作。继续推动银行业、保险业对外开放，稳步推进证券业、期货业对外开放，支持符合条件的在沪合资证券公司扩大业务范围。在大力培育民族品牌机构的同时，进一步提高会计审计、法律服务、资产评估、金融资讯等专业服务业国际化水平。

加快拓展金融机构全球服务能力。加快发展跨境贸易和投资人民币结算业务。研究推进在上海开展个人对外直接投资试点。支持在沪金融机构扩大QDII业务规模，丰富合格境内投资者类型，拓宽境内机构和个人投资者参与境外金融市场的渠道。支持在沪银行卡组织扩大服务范围，加强与全球发卡机构、收单机构开展业务合作，提升银行卡跨境服务能力。

加强境内外金融交流合作。根据国家统一部署，进一步发展沪港金融的互补、互助、互动关系，完善沪港金融合作机制，加强沪港在金融市场、机构、产品、业务、人才等方面的交流合作，积极推动沪台金融交流合作，研究建立合作机制，拓展合作空间和领域，使上海成为台资金融机构在大陆的集聚中心。加强上海与纽约、伦敦、新加坡等全球主要国际金融中心的交流合作，探索创新交流合作机制。

（五）以制度建设为重点，着力营造具有国际竞争力的金融发展环境

加强金融法治环境建设。发挥国家、地方金融立法的作用，推动制定既切合我国实际又符合国际惯例的金融法律制度，促进公平、公正和高效解决金融纠纷。加强金融消费者和投资者合法权益的保护。建立健全地方政府部门与司法部门、金融管理部门之间的金融法制沟通协调机制。

完善金融税收制度。研究借鉴成熟的国

际金融中心经验，充分发挥合理税制安排在促进金融创新发展、增强金融国际竞争力中的重要作用。研究有利于金融市场发展，有利于航运金融、贸易金融发展，有利于促进金融创新的金融税收政策。

完善金融会计标准。根据国家统一的会计准则制度，参照国际财务报告准则的发展趋势，结合建设国际金融中心的实际需要和金融监管、金融创新的发展，丰富和完善金融工具和金融机构适用的会计标准。

加强信用体系建设。进一步完善个人和企业信用征信系统，加快推进金融业统一征信平台建设以及相关法律法规建设，力争把上海发展成为全国性的信用服务中心。扩大征信系统覆盖范围，健全守信受益、失信惩戒的信用制度，依法促进信用信息记录、共享和使用，力争在全国率先建成较为完善的金融信用服务体系。

完善金融监管制度。根据国际金融监管改革发展趋势，结合我国实际，推动建立贴近市场、促进创新、信息共享、风险可控的金融监管平台和制度。创新金融监管理念，改进金融监管方式，研究加强在沪金融监管机构监管资源配置。进一步发挥交易所一线监管和同业公会、协会等行业自律组织的作用。研究创新金融产品发行方式，探索在金融市场引入金融产品上市试运行机制。

后　记
POSTSCRIPT

《国际金融中心发展报告》是中国人民银行上海总部牵头组织的、以“众筹”方式编写的有关全球主要国际金融中心发展的年度性报告。

中国人民银行上海总部、上海市金融服务办公室、上海银监局、上海证监局、上海保监局等金融管理机构在推进上海国际金融中心建设方面做了大量工作，取得了明显成效；各在沪商业金融机构也在各自的业务领域为上海金融业的繁荣和稳定作出了重要贡献。为体现和记录上海国际金融中心建设的进展，并推动下一步的上海国际金融中心建设，我们出版了以推进上海国际金融中心建设为主线的年度报告。

本报告是很多人智慧和劳动的结晶。编委会主任焦瑾璞制订了本报告的编写方案及报告撰写重点，王振营具体抓编写方案的落实工作。编委会成员落实与本机构业务相关稿件的撰写工作并对稿件进行了审阅。该报告第一、第五章由吴培新执笔完成，第二章在各相关机构提供稿件的基础上由肖立伟执笔完成，第三章由万阿俊执笔完成，第四章由王家辉、张昀执笔完成。各专栏的执笔人如下：专栏1-1为吴培新，专栏2-2为胡迎春，专栏2-3为郭颖妍，专栏2-4为秦鹏，专栏2-5为牟灵芝，专栏2-6为钱国根，专栏2-7为舒雄，专栏3-1为万阿俊，第四章的全部四个专栏为王家辉。附录由金艳平提供。吴培新对报告进行了统稿。

王振营对报告全文进行了审阅，最后由编委会主任焦瑾璞审阅并定稿。

感谢社会各界的支持！欢迎读者的任何批评、指正。

《国际金融中心发展报告》编写委员会

2015年6月9日